# 8 L 29 147 2

Paris - Nancy
1893-1899

## Ardouin-Dumazet

### Voyage en France

Anjou, Bas-Maine, Nantes, Basse-Loire, Alpes mancelles, Suisse normande

Tome 2

ARDOUIN-DUMAZET

# Voyage en France

2ème Série

Camembert — Vimoutiers
Tinchebrai
SUISSE NORMANDE
Flers — Laigle
ALPES MANCELLES
Domfront — Mortagne
Mayenne — Alençon
BAS-MAINE — Fresnay
Laval — Sablé — MAINE
Grand Jouan — ANJOU
Angers
Indret — Nantes
Saumur
Clisson — Cholet
VENDÉE
POITOU

PARIS

# Voyage en France

*hipe modèle*

## OUVRAGES DU MÊME AUTEUR

**Voyage en France.** — 1re Série : Morvan. — Nivernais. — Sologne. — Beauce. — Gâtinais. — Orléanais. — Maine. — Perche. — Touraine. — Un volume in-12. (Berger-Levrault et C⁰.)

2e Série : Anjou. — Bas-Maine. — Nantes. — Basse-Loire. — Alpes mancelles. — Suisse normande. — 1891. Un volume in-12. (Berger-Levrault et C⁰.)

3e Série : Les Iles de l'Océan et de la Manche. (Sous presse.)

**L'Armée navale en 1893. L'Escadre russe en Provence. La Défense de la Corse.** — 1894. Un volume in-12 avec 27 croquis ou vues et une carte de la Corse. (Berger-Levrault et C⁰.)

**Le colonel Bourras**, suivi du **Rapport sur les opérations du corps franc des Vosges**, par le colonel BOURRAS. 1892. Brochure in-12 avec un portrait et couverture illustrée. (Berger-Levrault et C⁰.)

**Le Nord de la France en 1789.** — Flandre. — Artois. — Hainaut. — Un volume in-12. (Maurice Dreyfus.)

**La Frontière du Nord** et les défenses belges de la Meuse. — Un volume in-8°. (Baudoin.)

**Une Armée dans les neiges**, journal d'un volontaire du corps franc des Vosges. — Un volume in-8°. (Ronam.)

**Études algériennes.** — Un volume in-8°. (Guillaumin et C⁰.)

**Les grandes Manœuvres de 1882 à 1892.** — Un volume in-12 par année. (Baudoin et Ronam.)

ARDOUIN-DUMAZET

# Voyage en France

**II<sup>e</sup> SÉRIE**
Anjou — Bas-Maine — Nantes
Basse-Loire — Alpes mancelles — Suisse normande

BERGER-LEVRAULT ET C<sup>ie</sup>, ÉDITEURS

PARIS | NANCY
5, RUE DES BEAUX-ARTS | 18, RUE DES GLACIS

1894
*Tous droits réservés*

# VOYAGE EN FRANCE

—•◦•—

## I

### LES ALPES MANCELLES

Alençon et ses carrières. — Saint-Céneri-le-Gérei. — En chemin de fer, conversations percheronnes. — La forêt d'Écouves et la butte Chaumont. — Ascension du mont des Avaloirs. — Pré-en-Pail et ses marchés. — De Pré-en-Pail à Mayenne. — Le mont du Saule. — Villaines-la-Juhel. — M. de Bellin et la dame d'Averton. — Légendes mancelles. — Jublains. — Une ville romaine exhumée. — L'album du guide. — Paysage crépusculaire.

*Jublains, près Mayenne, 10 mai.*

Allez donc voir les Alpes mancelles! Tel est l'invariable conseil donné aux étrangers qui parcourent le Maine et le Perche. Les Alpes mancelles, pour les habitants des vallées de la Sarthe et de la Mayenne, sont comparables aux grandes Alpes. On ne dit pas, comme dans tant d'autres pays, en parlant d'un territoire accidenté : « C'est une petite Suisse ». C'est la Suisse elle-même. Les « Alpes mancelles », que de choses dans ces deux mots !

Par là, on entend le massif de hautes collines où la Mayenne prend sa source, où la Sarthe décrit de multiples méandres entre des roches parfois à pic. Ces roches ont fait naître la légende ; c'est à leurs beaux escarpements de granit que les coteaux du Maine doivent leur prétentieux surnom.

On ne saurait cependant méconnaître le charme agreste de ce pays. Si Alençon avait consenti au passage de la grande ligne de fer de Paris à Brest, les environs seraient devenus promptement un centre d'attraction pour les promeneurs : c'est la seule région vraiment accidentée où l'on puisse accéder de Paris en quatre ou cinq heures de chemin de fer. Mais les difficultés sont grandes. A Alençon même, on ne peut arriver sans des changements de trains et des parcours sur des lignes où les trains express sont inconnus. Pour pénétrer dans les vallées où sont les sites les plus curieux, il faut prendre des chemins de fer parcourus par des « trains-brouettes », comme on dit ici, circulant trois fois par jour selon un horaire conçu de telle sorte qu'on ne pourrait revenir le même jour. Il faut donc se résigner à coucher dans des villages où le confort est absolument inconnu. Heureux encore quand on a des chemins de fer ou lorsqu'on peut fréter des voitures!

Il ne faut cependant pas désespérer de voir cet aimable pays mieux connu. Les eaux de Bagnoles ont commencé à y attirer quelques visiteurs. Lorsque Domfront et les autres villes sauront se faire connaître, les touristes et les paysagistes se répandront dans toutes ces vallées et feront les ascensions faciles de ces collines, auxquelles l'isolement prête parfois une certaine majesté.

Alençon a choisi le site le plus insignifiant de la contrée pour s'étendre; mais sa création répondait à un besoin d'échanges. Là commencent les terres granitiques. A une demi-lieue à peine de la ville, la Sarthe, jusqu'alors errante dans une large vallée, entre dans d'étroites gorges rocheuses où de grands arbres couvrent les pentes. La roche perce le sol en d'énormes intumescences auxquelles s'attaquent les carriers. Les ajoncs et les genêts recouvrent les monticules de leurs grappes d'or, faisant ressortir les teintes métalliques du granit. La carrière, profonde comme un abîme des montagnes, a, dans ses parties abandonnées, des nappes d'eau d'un bleu intense, lacs en miniature semés d'îlots laissés par les carriers. Dans d'autres, la foule des ouvriers s'agite, sapant, fendant le granit, forant des trous de mine. La pierre a toutes les nuances, depuis les teintes fulgurantes du porphyre jusqu'au bleu le plus pur. Certaines parties, remplies de parcelles de mica, miroitent au soleil. Ailleurs, la roche est d'un teint mat, sans reflet, sans lumière. Ici, des blocs robustes, faits, semble-t-il, pour construire des monuments immortels; là, des morceaux friables qu'on réduit en poussière avec de légers maillets de bois : ce sont des femmes qui font ce métier, préparant ainsi le sable nécessaire aux promenades et aux jardins d'Alençon.

Au delà des carrières, la Sarthe pénètre profondément dans le massif granitique. Elle s'est creusée une vallée où elle coule tantôt au pied de roches superbes, d'un rouge métallique, tantôt au pied d'éboulis que la végétation n'a pu occuper, tantôt au pied de pentes revêtues de pacages ombragés d'arbres. C'est le paysage « historique » du siècle dernier. Faites bondir de plus haut les eaux frémissantes, mettez de vieux ponts couverts de lierre, quelque colonnade sur une roche surgissant des arbres et vous croirez voir une eau-forte de Boissieu, où le paysage italien s'étend sous notre ciel nuageux. Peut-être ces vallons ignorés ont-ils servi à préparer plus d'un tableau où nous croyons voir la nature classique du Latium. Saint-Céneri-le-Gérei, Saint-Léonard-des-Bois, plus d'un site de cette haute vallée de la Sarthe donnent cette impression de *déjà vu* Les hautes roches rougeâtres, les bouquets de pins, les gués où s'abreuvent des troupeaux, les moulins appuyés au rocher et dont la roue moussue tourne avec saccades, branlante et oscillante, nous connaissons tout cela.

C'est pourquoi on éprouve une émotion mélancolique et douce faite de regrets vagues pour des choses d'un lointain passé.

Cette partie des Alpes mancelles est vraiment belle. Plus haut, le paysage a peut-être plus de grandeur, il n'a pas ce charme. Je suis parti ce matin pour le mont des Avaloirs, point culminant de l'Ouest, où naît la Mayenne ; le train qui m'emmenait ne prend des voyageurs que les jours de foire ou de marché de Pré-en-Pail, c'est-à-dire le samedi. On part à quatre heures. Public spécial : marchands de bétail ou de volailles, venus de fort loin, ayant parfois voyagé une partie de la nuit pour arriver à temps à la gare d'Alençon. Nos voisins causent de leurs affaires sous cette forme sentencieuse chère aux paysans de ce pays, tenant à la fois à la Normandie, au Maine et au Perche.

— Les bœufs se vendent bien maintenant, dit une femme; c'est pas comme l'an dernier.

— Dame! le vent souffle pas toujours par la même porte.

Cette réflexion profonde est accueillie par des marques d'assentiment.

On raconte les affaires; la veille, à je ne sais quel marché, le vendeur a tenu bon.

— Point possible d'acheter, clame un paysan; cependant j'employais toute ma rhétorique!

Des bœufs on descend au lapin, parce qu'on a vu par la portière une de ces bestioles courant dans la bruyère. On discute si l'élevage du lapin domestique est utile et profitable. Grave débat. Un jeune fermier s'élève contre le lapin. Il coûte cher à nourrir et ne vaut rien.

— Y ne vaut rin, riposte sa voisine, je voudrais bin pouvoir n'en élever vingt.

— N'en élever vingt, la mère! faudrait n'un bonhomme tout entier pour les nourrir, core n'y suffirait pas.

Quand tous les sujets de conversation sont épuisés, on propose une partie. L'exemple est désastreux. Dans tout le wagon, dont les compartiments ne sont séparés que par des banquettes basses, on voit sortir des cartes et s'engager des jeux. Près de moi, un seul bonhomme, à l'air finaud, se refuse à se mêler à la partie.

— Eh quoi, maît'Jean, vous ne jouez point à

c't'heure, vous qui êtes toujours le premier au cabaret.

— Dame, j'aime point jouer en chemin de fer, quand on perd, on n'a point le temps de se rattraper.

Cette parole parut émouvoir profondément la wagonnée, il y eut un moment d'indécision; on n'était qu'à une demi-heure de Pré-en-Pail, si l'on perdait, se rattraperait-on? Cependant, bientôt tout le monde s'était remis au jeu, des parties bruyantes étaient engagées.

Le train allait lentement, laissant admirer à l'aise les hauteurs boisées d'Écouves, qui seraient superbes si elles étaient mieux découpées. Mais on n'a sous les yeux qu'une ligne sombre de forêts, au pied de laquelle s'étendent des villages échelonnés comme les grains d'un collier. Un point se détache de l'ensemble de la chaîne, projeté en promontoire hardi, superbe de hauteur et de proportions, c'est la hutte Chaumont, belle pyramide au sommet arrondi qui, au-dessus de la Roche-Élie, offre de beaux escarpements.

Le chemin de fer s'engage dans un étroit vallon où, par de fortes rampes, il s'est frayé un passage entre de hautes roches. Pour éviter un tunnel, on décrit une grande courbe qui permet de passer dans la vallée de la Mayenne. La belle rivière de Laval et de Château-Gontier est ici un ruisseau à peine visible, au fond d'une combe herbeuse, dominée par le mont des Avaloirs. C'est à la Lacelle qu'on descend pour gagner cette cime culminante de l'Ouest; le passage est riant, mais rétréci par les hauteurs. Un chemin conduit à la forêt de Multonne qui abrite les sources de la rivière. Les guides de voyage appellent Multonne une *belle forêt*; ce n'est qu'une immense étendue de lande rase, de pinèdes naissantes, de chênes rabougris. A la tête du principal ravin, l'eau, suintant des roches, forme un petit marécage d'où s'écoule, invisible, une nappe qui, plus bas, devient fontaine, la Font-du-Maine, source de la Mayenne.

Au delà commence le plateau des Avaloirs, table ondulée semée de jeunes pins fort serrés, entre lesquels de petits chemins s'enchevêtrent. Mais au point culminant la montagne est rase; de là on découvre un des plus beaux panoramas de l'Ouest. Non que la vue soit fort étendue, car elle est limitée par de petites montagnes, mais les hauteurs même qui ferment l'horizon, leurs ondulations, les percées des rivières, les échappées vers les vallées lointaines donnent l'impression de l'immensité.

Sous un autre ciel, ce paysage si harmonieusement varié, avec ses bois, ses villages blancs, ses escarpements de rochers aux lignes sobres serait admirable. Une vapeur légère détruit la netteté des lignes, rapetisse les horizons et enlève aux lointains ce charme indéfinissable qu'on éprouve devant les profondes et précises perspectives des paysages du Midi. Ici les premiers plans sont, au contraire, le grand charme du tableau. Non loin des Avaloirs, le bois de Boulay couvert de maigres taillis au milieu desquels surgissent des groupes d'arbres isolés est superbe, dominant de plus de 200 mètres de larges vallées boisées.

Le mont des Avaloirs se termine, au-dessus de Pré-en-Pail, par des escarpements dénudés, d'où l'on découvre la petite ville, allongeant ses toits d'ardoises des deux côtés d'une large rue. Pour toute une vaste contrée, Pré-en-Pail est un lieu de rendez-vous commercial : de Normandie, du Maine, d'Anjou, de Bretagne, les cultivateurs arrivent chaque samedi, les trains, trop rares, suffisant à peine à cette affluence. Les grains, les chevaux, le bétail sont les principaux éléments de trafic. Bien loin de péricliter, ce marché devient chaque année plus considérable. Les chemins de fer qui se soudent à Pré ou dans les gares voisines, ont amené un autre commerce, celui des volailles. Le marché de Paris reçoit chaque semaine d'énormes quantités de poulets amassés dans le pays de Pail, et aussitôt acheminés sur les Halles centrales.

De Pré-en-Pail à Mayenne, un chemin de fer suivant un profil fort accidenté traverse une des contrées les plus tourmentées de l'Ouest. La chaîne des Alpes mancelles présente des croupes moins hautes que le mont des Avaloirs, mais plus belles, d'un aspect plus « montagne ». Dès qu'on a dépassé la ligne de faîte entre la Mayenne et l'Aron, on découvre de hautes collines couvertes de landes roussies. C'est le pays des légendes. Autour d'Hardanges, dans les profonds ravins qui découpent le mont du Saule, dans les fourrés profonds des bois de Buleu, les paysans voient, la nuit, passer le spectre de M$^{me}$ d'Averton.

Cette légende est d'autant plus singulière qu'elle n'a pas une origine bien ancienne. Elle rappelle celles qui courent dans le Dauphiné sur le connétable de Lesdiguières. Le mari de M$^{me}$ d'Averton était du reste un adversaire du connétable. Ce partisan, né de la famille de Faudoas et devenu chef de la maison d'Averton par son mariage avec l'héritière de cette grande famille, avait été élevé par Montluc.

Un historien local, M. Roquet, a recueilli sur lui les récits qui se font aux veillées. François d'Averton, seigneur de Belin, serait aujourd'hui enfermé comme fou. On raconte que, lorsqu'il apercevait des paysans mangeant dans les champs, il allait à eux, se taillait une espèce de cuiller dans du pain, la trempait dans le bouillon et la mangeait. Puis, prenant ses armes, il en menaçait ses voisins s'ils ne faisaient comme lui et les obligeait à manger leur cuiller de bois. De même que Gilles de Retz, il fut arrêté et condamné à mort. Il s'échappa de prison et sortit de Paris, caché dans le ventre d'un cheval par un équarrisseur!

Il avait un cheval célèbre pour son agilité, appelé l'Oiseau, qui lui sauva plusieurs fois la vie, notamment dans la ville du Mans, en descendant au galop le chemin presque à pic qu'on appelle les Pans-de-Gorron. Les paysans de Saint-Martin-de-Connée montrent encore la *pierre talonnée*, énorme bloc de granit sur lequel l'animal a marqué son pied. C'est exactement la légende qu'on raconte à Vizille sur le cheval de Lesdiguières.

Dans le Belinois, petit pays au sud du Mans, on en raconte de plus merveilleuses encore. Une croix dite *Sans-Pitié* rappelle le souvenir d'un combat singulier dans lequel le seigneur de Belin, ayant désarmé un adversaire que le roi de France lui avait envoyé pour se défaire de lui, refusa de lui faire grâce. Déjà François d'Averton avait tué un géant que le même roi avait détaché pour l'occire.

Chez des ligueurs, il eut, dans l'armée de Mayenne, le grade de maréchal de camp; à Arques, il fut pris avant la bataille et mis en liberté sans rançon par Henri IV. Revenu à Paris, il en devint gouverneur pour la Ligue; mais ce fut un de ceux qui poussèrent Henri IV à se convertir; ce serait à lui que le roi aurait dit : « Paris vaut bien une messe. »

Ce farouche aventurier mourut pénitent et fervent chrétien. A peine était-il mort, que sa femme, jusqu'alors très sage, commença une vie scandaleuse. « Puisque mon mari est au ciel, disait-elle, je n'ai qu'à me divertir, puis je me convertirai et serai sauvée, comme lui. » Elle n'en eut pas le temps; elle a été damnée; c'est pourquoi chaque nuit, dit M. Roquet, « elle revient à la tour du parc d'Averton, dans un char de feu traîné par quatre chevaux vomissant la flamme par la bouche et les naseaux, elle part du château de la Chasse-Guerre « en Hardanges », passe par Villaines-la-Juhel, entre dans la forêt de Pail, et vers minuit se trouve à la Pyramide ». Ce château de la Chasse-Guerre est une ruine fort pittoresque dont les tours et les remparts éventrés se dressent près du chemin de fer, au pied du mont du Saule.

En vue de ces hauteurs, dort d'un profond sommeil la tranquille petite ville de Villaines-la-Juhel, bâtie dans un pays charmant, non loin de la vaste forêt de Pail, autre asile mystérieux des apparitions fantastiques dont on parle à la veillée. Le pays est trop peu accessible, le chemin de fer est loin, le dernier train passe à trois heures de l'après-midi. Il ne faut donc pas s'étonner si ce riant canton, creusé de profondes et fraîches vallées, n'est pas mieux connu. Il y a là, cependant, des sites superbes : Courcité, Saint-Aubin et Saint-Mars-du-Désert, Saint-Georges-le-Gaultier, d'où la vue s'étend au loin, de la forêt de Pail à la forêt de Sillé et aux plaines du Saosnois.

Il faut aller plus loin pour trouver des visiteurs, à Jublains, où les restes d'une ville antique attirent chaque jour des archéologues pieux et, à leur suite, la foule des curieux qui croient trouver ici quelque monument comparable aux arènes de Nîmes et à la Maison-Carrée. C'est à la fois moins et mieux. Jublains possède la seule forteresse romaine bien conservée que l'on connaisse. Il y a bien d'autres débris, ruines d'un temple de la Fortune, ruines d'un théâtre, vestiges de rues et d'aqueducs, mais c'est le fort de Jublains qui mérite surtout d'être visité. Grâce à la Société d'archéologie de la Mayenne et à l'un de ces modestes savants comme l'on en trouve beaucoup en province, M. Barbe, juge de paix à Conlie, le camp romain de Jublains a été déblayé. Les dix tours, malheureusement décoronnées, flanquent encore les épaisses murailles d'une enceinte quadrangulaire; à l'intérieur, un autre rempart en terre contourne un château fort ayant à ses quatre angles des bâtiments en maçonnerie épaisse et, au centre, un réduit destiné à la garnison.

Tous ces bâtiments sont en bon état; les bains, les magasins à grains, l'impluvium, les citernes semblent d'hier; les baies massives des portes montrent encore les creux où s'encastraient les barres de fermeture.

Ce n'est évidemment pas un édifice de la belle époque romaine; rien n'y est sacrifié à l'art. Les murailles, épaisses de près de 5 mètres, reposent sur d'énormes blocs de granit. On a bien retiré des fouilles quelques débris de sculpture, mais ils semblent provenir d'une ville primitive qui aurait été détruite et dont les ruines auraient servi à édifier une cité nouvelle.

Ce qu'il y a de curieux dans ces restes de Jublains, c'est qu'on a remarqué les ruines superposées de trois villes. M. Barbe, dans ses fouilles sur l'emplacement de Noviodunum, a pu constater que trois fois la ville a été détruite et relevée.

La destruction a été méthodique. On rencontre des vestiges du *Forum*, du *Temple de la Fortune* qui porte encore ce nom dans le pays, du théâtre, des thermes; mais tous les objets d'art et les inscriptions ont disparu. Ce n'est que par les nombreuses médailles retrouvées qu'on a pu tenter de dire la date de ces catastrophes. L'épigraphie, si riche dans les autres ruines romaines, est ici absolument nulle.

La destruction de Jublains fut si complète que cette ville riche et florissante, où se croisaient des routes nombreuses, a été oubliée; le village actuel s'est construit longtemps après la catastrophe. Mayenne a hérité de l'influence de la cité romaine. La décadence s'est accrue depuis que le chemin de fer, passant loin du bourg, a fait abandonner la route du Mans. Cependant les bourgeois avaient rêvé de ramener la prospérité de leur ville en y attirant les curieux. L'un d'eux a même construit une ruine factice, mur à arcades émoussées et en petit appareil, dans laquelle il s'est ménagé une villa. Ce baroque édifice n'a pas suffi à ramener les beaux jours de Noviodunum.

Les visiteurs sont tous du pays. A ce titre, je pensais trouver dans l'album du gardien de la forteresse quelques indications sur le tempérament des populations. Hélas! les réflexions sont toujours les mêmes, M. Perrichon devant les Alpes ou M. Petdeloup sur la tour Eiffel. Des vélocipédistes blaguent « Achille aux pieds légers », parce que, plus alertes que lui, ils sont venus de Mayenne en vingt-cinq minutes. Des réservistes se sont cotisés pour *exposer* qu'ils « ont été charmés du restant des ruines construites par nos fiers ancêtres et faisant gloire à leur honneur » !

D'autres ont essayé, sans y parvenir, de rendre l'impression profonde éprouvée au crépuscule. Alors, les hauteurs lointaines des Coëvrons prennent des reflets violacés. La cime du mont Aigu, piton étrangement coiffé d'une chapelle, les croupes robustes du Rochard, semblent grandir. On est là sur un admirable belvédère, commandant d'immenses horizons. Peu de villes, peu de villages, tout le pays est couvert de grands arbres. Les toits d'ardoises se confondent avec la nappe verte des chênes étêtés qui bordent les champs ; seules les grandes routes, droites et blanches, qui s'étoilent autour de Jublains, tranchent sur la verte étendue. Elles viennent encore aboutir à l'antique forteresse exhumée de l'amas de débris et de broussailles sous lequel elle dormait. Tel devait se présenter le paysage, il y a quinze siècles, quand Noviodunum était l'une des sentinelles de la route de Bretagne.

## II

### LE PAVÉ DE PARIS

La vallée de la Vègre. — Chemins de fer à voie étroite et grandes lignes. — En Charnie. — Saint-Denis-d'Orques. — Sainte-Suzanne, les Coëvrons et les caves à Margot. — Les carrières de Voutré. — La préparation du macadam parisien. — Triomphe de l'association ouvrière. — Saint-Denis-de-Gastine et ses pavés. — Dans les Coëvrons. — Evron et le Rochard. — Le mont Aigu et Rubricaire.

Sainte-Gemmes-le-Robert, près Evron.

A Loué, la Vègre coule sous une arche de fer hardie supportant le petit chemin de fer à voie étroite du Mans à Saint-Denis-d'Orques. Cette partie de la vallée est riante. Elle contraste avec les terres maigres de la Champagne mancelle et les landes des hauteurs. Loué est une petite, bien petite ville dont la Vègre est le charme, mais empestée pendant deux mois, au moment du rouissage, par les noires eaux qui s'écoulent des rouitoirs. Sur le coteau qui domine la ville sont les deux gares : en bas, celle de la ligne à voie étroite ; plus haut, celle de la ligne de Sablé à Sillé. Comme cela arrive trop souvent dans ces créations de voies ferrées d'intérêt local, on n'a pas mis les stations en rapport entre elles. Il faut faire un long chemin, ses bagages sur le dos, si l'on veut aller d'une ligne à l'autre. Le réseau des chemins de fer de la Sarthe présente partout ce phénomène.

La petite ligne de Saint-Denis-d'Orques gravit une colline et descend par une pente rapide dans l'étroit et riant vallon du Palais, où les carriers exploitent la pierre à macadam, qui abonde dans toute la contrée. A Loué, on entre dans un pittoresque pays s'étendant à la fois sur la Sarthe et la Mayenne : c'est la Charnie, du nom d'une grande forêt dont les débris sont encore considérables. Coupée de gorges profondes, semée de fourrés épais, la Charnie fut un des centres de la chouannerie. Il n'est pas un hameau qui ne raconte quelque tragique histoire sur les scènes de la guerre vendéenne. C'est à Saint-Denis-d'Orques que prit fin la poursuite de l'armée vendéenne après son écrasement au Mans. A Chassillé, sur une longue péninsule entourée par la Vègre, des groupes de Vendéens furent surpris et fusillés. Jusqu'à la pacification complète, plus de vingt combats eurent lieu à l'entrée de la Charnie.

Saint-Denis-d'Orques fut alors le principal réduit des troupes républicaines. Assis au sommet d'une colline escarpée, au pied d'une autre colline plus haute, d'où l'on découvre d'immenses horizons, jusqu'à la cathédrale d'Angers, traversé par la grande route de Laval, ce gros bourg avait et a encore une réelle importance stratégique. Perdu jusqu'à ces dernières années aux confins des deux départements, il vient de trouver dans le tramway à vapeur un élément actif de prospérité. La colline tout entière est composée d'une roche dure, excellente pour l'empierrement des routes. Or, le sol de la partie calcaire de la Sarthe n'offre que des roches friables. Aussi les rochers de Saint-Denis sont-ils activement exploités maintenant : des machines en cassent la pierre, et, chaque jour, des trains spéciaux conduisent au Mans et jusqu'aux limites du Loir-et-Cher des cailloux cassés de la Charnie. L'exemple de Voutré, devenu si florissant, est un encouragement.

Saint-Denis-d'Orques sera bientôt un rendez-vous pour les touristes. Au delà, dans la Mayenne, la chaîne des Coëvrons présente des paysages encore trop peu connus, dignes cependant d'attirer l'étranger. La petite ville de Sainte-Suzanne, si curieusement perchée sur les rochers dominant l'Erve, avec ses remparts vitrifiés, ses ruines, ses monuments celtiques, ses vieux châteaux, retiendra bien des visiteurs, quand elle sera connue. Pour l'instant, on va de préférence parcourir les grottes de Saulges, ou « caves à Margot », d'un nom de fée qui y détient des trésors. Les plus curieuses grottes du monde, disent les indigènes — les mêmes qui ont appelé « Alpes mancelles » les collines des Coëvrons.

Pour s'y rendre, on traverse un pays fortement ondulé qui fait, lui aussi, partie de la Champagne mancelle.

C'est un curieux plateau, enserré entre le Treulon et l'Erve, dont les bords sont frangés par quantité de vallons. Au delà de Thorigné, on ne tarde pas à descendre vers la vallée de l'Erve ; mais on ne l'aperçoit pas, tant elle se creuse profondément, au fond d'une gorge que la rivière a lentement érodée dans la roche. Saulges est un gros bourg. On devine, à voir ses plantureuses auberges, que la foule des curieux doit être grande chaque jour pour visiter les fameuses grottes, dont la réputation s'étend du Mans à Rennes, et d'Angers à Alençon. Ce n'est pas, cependant, la seule curiosité de Saulges. Son église renferme un très précieux bas-relief de 1401, représentant Jésus en croix entre saint Julien et saint Jean-Baptiste et vingt autres personnes, à genoux, les mains jointes, dans une expression saisissante, contemplant la Passion. Un tableau, que j'ai fort mal vu à cause du crépuscule est, me dit-on, du Titien.

C'est le repas des pèlerins d'Emmaüs; les personnages seraient le Titien lui-même, François I*r*, Philippe II et le cardinal Ximenès.

Mais le grand attrait de Saulges, ce sont les caves à Margot. Au delà d'un plateau rocheux, on voit tout à coup s'ouvrir la vallée de l'Erve, étroite faille bordée de rochers à pics; une mince bande de prés de chaque côté de la rivière, de grands arbres, des moulins jaseurs; puis, au flanc de la roche, le curieux ermitage de Saint-Cénéré. Le site est fort beau.

Toutes ces roches sont creusées de grottes. On les compte par douzaines. Seules, les caves à Margot méritent une visite. En face d'un petit pont, la roche s'ouvre tout à coup comme un porche, devant une terrasse où des tables rustiques et un trapèze annoncent la guinguette. L'entrée primitive des caves, à laquelle on accédait par un étroit sentier de chèvre, était autrement pittoresque.

Elles sont fort belles, ces grottes, et, toute part faite aux exagérations locales, dignes d'être admirées. La grande salle, à laquelle on parvient presque aussitôt, est admirable avec ses stalactites immaculées, ses draperies, ses parois aux formes fantastiques. Mais ce qui est le plus curieux, c'est la galerie creusée par le fermier des caves, qui, malgré les géologues, s'est entêté à chercher des cavités nouvelles. Il y est parvenu en 1882, après avoir dépensé 5,000 fr. en travaux. Une première galerie naturelle l'a conduit au fond d'un abîme donnant accès dans de nouvelles salles où les stalactites sont merveilleuses. Girandoles et parois étincelantes, colonnades d'une hardiesse aérienne, tout ce qui fait la beauté des souterrains naturels s'y trouve réuni. Plus bas encore, dans une galerie profonde, dort un petit lac d'une eau cristalline.

Les grottes sont aménagées avec soin. Le parcours en est facile ; des lustres, que le guide allume en passant, en font ressortir tous les détails. De solides escaliers permettent de gagner les profondeurs.

La vallée tout entière est remplie de cavernes ; il y a, pour les chercheurs, bien des merveilles à découvrir.

Plus haut, vers la forêt de la Charnie et Sainte-Suzanne, les paysages ne sont pas moins grandioses. La roche se présente partout en blocs superbes. Mais, entre Sillé et Evron, surtout, les amoncellements sont remarquables. Ici, les grès et les calcaires font place à la roche porphyrique. C'est là, sur les flancs des plus hauts massifs des Coëvrons, au-dessus de Voutré, que la ville de Paris vient chercher ses matériaux d'empierrement.

Quand on passe en chemin de fer, on voit, vers le Nord, d'immenses talus blanchâtres semblant couper la montagne. Ce sont les déblais des grandes carrières de Voutré.

La partie de la chaîne des Coëvrons où s'ouvrent les carrières s'appelle, dans le pays, la Kabylie. C'est presque au sommet de la chaîne, à 330 mètres, que la pierre est extraite. On y parvient par une route de trois kilomètres, d'où l'on a sans cesse une vue admirable. Du point culminant surtout, le spectacle est superbe : la vallée de l'Erve, si profonde et accidentée, Sainte-Suzanne et ses ruines, l'immense futaie de la Charnie, la plaine de la Champagne mancelle et, par les temps clairs la cathédrale du Mans, fièrement campée sur sa colline, fixent le regard.

Mais la carrière attire surtout l'attention. Elle est creusée dans un banc de porphyre vert d'une puissance extraordinaire; on a tiré là, depuis 1858, plus de 500,000 mètres cubes, et le rocher paraît à peine égratigné.

Malheureusement, l'exploitation présente des difficultés : les bancs ne sont pas disposés horizontalement sur le flanc de la « Kabylie », mais bien presque perpendiculairement du nord au sud, par plateaux successifs. Il a fallu construire trois plans inclinés pour amener les blocs extraits aux divers chantiers. De l'un à l'autre, il y a 60 mètres de hauteur absolue.

Les blocs extraits sont livrés à une machine qui les prépare pour le ballast; on les réduit en morceaux d'une dimension qui permet de les donner aux casseurs chargés de leur donner la dimension voulue pour le macadam. La machine pousse des rugissements terribles; elle est comme l'âme de l'immense entreprise.

Çà et là, dans les carrières, des groupes de maisons servant de logement à une partie des ouvriers. Ce sont ceux qui travaillent à demeure. Les autres ne travaillent que pendant le chômage des travaux des champs. Il y a toujours de l'« embauche »; jeunes ou vieux sont sûrs de trouver du travail. Quant aux ouvriers sédentaires, la plupart sont là depuis les débuts. Jamais une carrière n'a changé d'extracteurs autrement que par les décès. Chacun considère la carrière comme sienne et la maison comme sa propriété. C'est que l'exploitation est presque familiale : c'est l'association ouvrière qui la régit. Les terrassiers chargés de faire les découvertes de porphyre sont associés par deux ou par trois et sont payés au wagonnet, les extracteurs sont groupés par trois ou par quatre; ils sont rémunérés par wagonnet de pierre cassée. Avec eux, ils ont leurs femmes et leurs enfants, qui cassent les pierres les plus faciles, celles qui ne nécessitent pas l'intervention de la machine.

Quant à ce bruyant instrument, il est, lui aussi, régi par l'association. Cinq ouvriers l'alimentent : un voiturier qui transporte les pierres brutes, deux ouvriers qui fournissent la machine, le mécanicien qui conduit la chaudière et le voiturier qui enlève les pierres préparées par la machine et les porte aux casseurs.

Les casseurs sont par escouades de huit, dix ou quinze, ayant chacun une place désignée. Ils cassent à la grosseur voulue la pierre provenant d'une carrière spéciale, et toujours de la même carrière, de façon que extracteurs et casseurs, se connaissant, aient intérêt à produire le plus possible.

Les chargeurs et cribleurs, au nombre de douze, sont également associés. Ceux-ci prennent la pierre cassée, la criblent et la chargent sur les wagonnets, qu'une autre association, celle des voituriers, conduit au bas du coteau, en un port sec, où leur contenu est versé dans les wagons de l'Ouest. Ceux-là sont payés à tant par wagonnet.

Pour assurer une production régulière, on a été amené à donner un intérêt par wagon expédié, en sus des appointements, à tous ceux dont le rôle nécessite une surveillance et un soin plus grands. Le maréchal qui ferre les chevaux et entretient les outils, le charron qui répare les véhicules, les ouvriers qui entretiennent les voies sont ainsi directement intéressés à la bonne direction de l'entreprise.

Afin d'éviter les pertes ou les dégradations d'outils, les ouvriers sont tenus de s'en fournir eux-mêmes. Mais, pour leur permettre de les faire réparer de suite, on a construit des forges gratuitement fournies aux maréchaux qui vendent les aciers, pics à mine, marteaux ou massettes, qui font les pointes de burin et les têtes de masse.

Plusieurs de ces maréchaux sont là depuis plus de vingt ans. M. Barrier ne s'en est pas tenu à cette ingénieuse organisation. Les ouvriers, leurs femmes, leurs enfants sont soignés gratuitement en cas d'accidents ou de maladie. Tous les jours, à 11 heures et demie, une soupe et une portion de lard sont gratuitement fournies aux ouvriers. En été, à quatre heures du soir, chacun reçoit un litre de cidre.

Grâce à ces soins pour les ouvriers, grâce aux procédés nouveaux d'extraction qui ont été découverts, on a pu, malgré la dureté exceptionnelle de la pierre, arriver à des prix de revient fort bas. Chaque année des progrès sont réalisés et la ville de Paris qui emploie pour ses chaussées la presque totalité des pierres de Voutré, peut, à chaque exercice, réduire son prix d'acquisition.

Le même entrepreneur a ouvert à Saint-Denis-de-Gastines, entre Mayenne et Ernée, des carrières de pavés. Depuis que le chemin de fer de Fougères est livré à l'exploitation, ces carrières prennent chaque jour une importance plus considérable. Dirigés sur le port de Caen, les pavés arrivent à lutter avec avantage avec les pavés des carrières belges de Quenast, jusqu'ici en possession d'un véritable monopole. Les quais de Rouen, du Havre, de Dunkerque, etc., où le mouvement est si considérable, ont été pavés en diorite porphyroïde de Saint-Denis-de-Gastines. 800,000 de ces pavés sont expédiés chaque année. Le nombre s'en accroîtrait encore par le commerce intérieur, si le transport n'était pas aussi élevé.

Le massif des Coëvrons n'est donc pas sans importance dans l'industrie minérale de la France. On peut lui rattacher les marbrières et les gîtes d'anthracite de Sablé, les granits d'Alençon, les ardoisières des environs de Fresnay et de Pré-en-Pail. Encore les richesses minérales de ce curieux pays ne sont-elles pas toutes connues; il reste bien des découvertes à faire sous les bois de la Charnie, de Sillé et de Pail, et dans les vallées solitaires des Alpes mancelles.

Solitaires. Telle est bien l'impression ressentie en parcourant les Coëvrons. Le pays est d'une tranquillité étrange. Voici Évron, dont j'aperçois la haute flèche pendant que je vous écris ; c'est une ville de près de 5,000 âmes, la plus importante entre le Mans et Laval, Sablé et Alençon ; il semble qu'elle devrait avoir quelque animation et quelque commerce : elle paraît morte. Le gaz y est inconnu. Une admirable église abbatiale du XII° siècle se dresse au milieu de la ville ; de ses fenêtres étroites, de ses portes romanes d'un goût déjà fleuri, faisant pressentir les splendeurs de l'ogive, descend sur la petite cité une paix monacale. Sous les charpentes de vieilles halles, se promènent deux ou trois fonctionnaires qui semblent avoir peur du bruit de leurs pas.

Ici, à Sainte-Gemmes, on se croirait au bout du monde. Je viens de gravir le Rochard, belle colline aux formes hardies, dont un pic couronné de rochers, surgissant parmi les ajoncs, atteint 352 mètres d'altitude et domine de 240 mètres le village de Sainte-Gemmes. De là on découvre des horizons presque sans limites. Des bois, des étangs, des clairières. Mais à peine si l'on devine des villages, tant leurs toits d'ardoises sont cachés dans les arbres des closeries. Sauf le clocher d'Évron, sauf les ruines de Montsurs et la pittoresque Sainte-Suzanne, rien n'arrête le regard dans ce tableau immense, si ce n'est à trois quarts de lieue, sur un mamelon isolé, le mont Aigu, une chapelle qui est comme l'ombilic de toute la contrée. De Mayenne, des collines de Laval, de tout le bas pays, on voit se dresser fièrement, sur sa colline élancée, la masse carrée et le haut pignon de la chapelle du mont Aigu.

En redescendant du Rochard, j'ai rencontré, sur un mamelon qui borde la route de Bais, les vieux remparts d'une enceinte carrée ; les fossés existent toujours ; dans l'intérieur croissent des pommes de terre. Ces ruines, encore robustes, malgré la végétation qui les envahit, sont celles d'un poste romain placé sur la route du Mans à Jublains. C'est l'antique forteresse de Rubricaire, dont nul ne sait l'histoire. Les gens du pays disent qu'elle fut construite par César et détruite par les Anglais. C'est un peu vague.

Ces ruines, au pied des plus hautes collines des Coëvrons, au-dessus d'un vallon plein d'eau courante, ont un cachet de grandeur mélancolique que Jublains, exhumé et « nettoyé » ne possède plus. Mais ce qu'il en reste s'en va peu à peu ; sans demander qu'on remette Rubricaire entièrement au jour, il faut souhaiter que ses fossés soient entretenus et que le vieux fort nous reste.

# III

## LA CHAMPAGNE MANCELLE

Dans les Alpes mancelles. — Saint-Léonard-des-Bois et Saint-Cenéri-le-Gérei. — Laminages et tréfileries de cuivre. — Une ferme modèle. — Sillé-le-Guillaume et sa forêt. — Le camp de Conlie. — Le commerce des oies. — En Champagne. — Tennie. — Émules des riverains de l'Avre. — La *Marseillaise de la reine pédauque*.

Bernay-en-Champagne, près Con'ie.

Fresnay-sur-Sarthe est le point de départ d'excursions dans la partie nord des Coëvrons. Région tourmentée, difficile, qui fut, en 1871, la ligne de défense de nos troupes après les événements du Mans et qu'il aurait été facile de garder. Ce sont les premiers escarpements de granit de l'Ouest. La Sarthe s'y est frayé un chemin extraordinairement sinueux au fond d'une gorge étroite qui mérite une visite, mais qui n'est malheureusement pas suivie par un chemin. Les routes se tiennent sur les hauteurs, à travers un pays planté de pommiers et parsemé de villages aux noms bizarres : Sougé-le-Ganelon, Assé-le-Boisne, Gesne-le-Gandelin, **Moulins-le-Carbonnel, Saint-Ceneri-le-Gérei**. Les seconds de ces noms sont ceux des anciens seigneurs : ainsi la grosse bourgade de la contrée s'appelle Sillé-le-Guillaume.

Ces villages occupent presque tous des points culminants d'où l'on découvre d'immenses horizons. De Sougé-le-Ganelon, bourg que les Allemands brûlèrent en partie, sous prétexte que des coups de feu avaient été tirés sur eux, on a une vue admirable sur les hautes collines du Maine. Ces Alpes mancelles, ainsi vues de haut, n'ont rien des montagnes : ce sont de belles croupes boisées, séparées par des vallées profondes et bien cultivées, parsemées de villages pittoresques. De grands massifs forestiers : la forêt de Pail, la forêt de Sillé, couvrent de hautes et longues croupes. Le panorama est vaste ; les détails en sont charmants. Mais l'enthousiasme des Manceaux n'en semble pas moins démesuré.

C'est dans le fond de la vallée qu'il faut descendre pour s'expliquer l'admiration des gens de la plaine. Cette gorge de la Sarthe est vraiment belle. Profonde de plus de 100 mètres, c'est une gigantesque coupure dont les pentes sont presque à pic, recouvertes d'une maigre végétation de pins et de bruyères. Quelques sites sont d'une grandeur réelle : ainsi le village de Saint-Léonard-des-

Bois, bâti contre le rocher, dans un des méandres de la Sarthe, dominé par d'abruptes falaises, est d'un grand effet décoratif. Moins sévère, mais plus curieux encore est Saint-Ceneri-le-Gérei sur une presqu'île rocheuse, à la limite du département de l'Orne.

Entre Saint-Léonard et Saint-Ceneri, ce n'est qu'une faille formidable, semblable aux étroites cluses du Jura, mais d'une beauté plus âpre, grâce à la robustesse de la roche, granit et grès. Ce petit coin de rochers, long d'une lieue à vol d'oiseau, doublé par les méandres, a fait dire aux gens du Bas-Maine qu'ils avaient, eux aussi, leurs *Alpes*.

Le grand charme de ce pays n'est point dans la profondeur de ses gorges : c'est, au contraire, dans l'évasement de quelques-unes de ses vallons, véritables corbeilles de verdure, où la solitude est plus profonde. Les vals de Saint-Paul-le-Gaultier et de Saint-Mars-du-Désert sont d'un charme pénétrant. Moins tranquille est celui de Douillet. L'Orthe, abondante et rapide, a attiré l'industrie. Sur un barrage dans un site charmant, on est même surpris de trouver une usine laminant et étirant le cuivre. On sait que la Normandie — l'Eure et l'Orne — est parsemée de ces petits établissements où se travaillent les lingots de cuivre. Il est peu de vallées qui n'en possèdent. L'existence de cette industrie dans les collines normandes est un phénomène économique assez curieux. On doit l'attribuer sans doute aux fabriques d'épingles de Laigle, pour lesquelles on employait de grandes quantités de laiton.

Non loin de cette usine de l'Aune, à Cordé, sur le ruisseau du Defais, est une fonderie de deuxième fusion dont l'existence n'est pas moins curieuse. Après avoir traité longtemps les minerais du pays au moyen des charbons de la forêt de Sillé, elle allait se trouver arrêtée par l'épuisement des gîtes de fer, quand on s'aperçut que l'usine de l'Aune, construite jadis pour un haut fourneau, était près d'un amas de scories provenant d'antiques exploitations et fort riches encore. Pendant quelques années, ces scories suffirent à la marche de l'usine. Elles furent vite épuisées. Aujourd'hui le haut fourneau s'est transformé en fonderie de deuxième fusion : c'est là qu'on fait les énormes cuviers en fonte employés dans tout l'Ouest pour la lessive.

Si l'industrie métallurgique, jadis active dans cette région, en est réduite aux seuls établissements de l'Aune et de Cordé, il y a des progrès sérieux au point de vue agricole. Le propriétaire de l'Aune, M. Hédin, a transformé en pâturages, en cultures et en vergers des landes et des pentes rocheuses. Les eaux des hauteurs, captées avec soin, ont fait naître de grasses prairies là où l'on ne rencontrait que des broussailles et des bruyères ; les prés tourbeux de la vallée ont été assainis.

L'emploi des engrais chimiques a fait couvrir de froment des surfaces où seul le seigle venait. L'exemple est à la veille de porter ses fruits. Certes, les cultivateurs voisins n'ont pas encore adopté d'enthousiasme les idées nouvelles ; mais leur dédain a fait place à une forte part d'admiration ; de timides essais sont tentés, et on peut prévoir que bientôt l'exemple du domaine de l'Aune sera suivi.

Du bois de pin qui domine à la fois Cordé et l'Aune, on a une vue admirable sur les Alpes mancelles, depuis les hauteurs de Sillé jusqu'au mont des Avaloirs. Vues ainsi, rangées en demi-cercle, ces collines sont charmantes, avec leurs villages groupant, comme Mont-Saint-Jean, leurs maisons au sommet de mamelons, leurs bois et leurs vergers.

La grande forêt de Sillé s'étend près de là. Elle serait belle, cette forêt longue de près de 20 kilomètres, qui couvre de hautes collines, où se creusent de longs étangs, que trouent d'immenses avenues, si elle avait de vrais arbres ; mais c'est plutôt un immense taillis. Vers l'Est, elle se termine à la base d'une chaîne de mamelons plantés de pins qui commande l'immense et mélancolique plaine de la Champagne mancelle.

Sillé-le-Guillaume, le grand marché du pays, est une grosse bourgade à laquelle de belles ruines donnent un fort pittoresque aspect. C'est une position stratégique très forte, grâce à la forêt et aux hauteurs des Coëvrons. Ici se livrèrent les derniers grands combats de l'armée de la Loire. A deux lieues à peine, sur la chaussée rectiligne qui unit Sillé à Conlie, fut installé le camp de sinistre mémoire où M. de Kératry avait groupé les mobiles bretons, camp de boue d'où les soldats, démoralisés, sortirent pour prendre part au combat du Mans et, par leur inexplicable panique à la Tuilerie, changer en désastre la retraite de Chanzy.

Conlie est un grand bourg placide, bâti au cœur de cette « Champagne » du Maine, aussi triste et aussi nue que les autres Champagnes. L'élevage des chevaux est la grande richesse du pays, et aussi l'élevage des oies. Toutes les routes, toutes les cours de ferme, tous les terrains vagues sont remplis par ces volatiles, qu'on achète pour l'Angleterre. Aux approches de Noël, c'est par milliers que jars et oies sont expédiés sur Caen et Saint-Malo, à destination des plantureux festins de *Christmas*. Ce commerce a pris une telle extension, que l'Angleterre a installé au Mans un vice-consul, qui est lui-même grand commissionnaire en oies, poulardes et chapons.

La Champagne s'étend jusqu'à la Vègre, la sinueuse et charmante rivière qui atteint la Sarthe près de Sablé. Je me proposais de la suivre à partir de Tennie ; comme je faisais part de mon intention à un aimable hôte, il s'écria :

— Vous allez à Tennie, vous, un monsieur de Paris ? Mais on va vous prendre pour un géomètre !

— Quel mal y aurait-il ?

— Mais vous allez être lapidé !

Lapidé ! La chose était grave.

— Est-ce qu'il y aurait à Tennie une question de l'Avre ?

— Eh ! c'est bien pis. Il y a là une affaire de vaine pâture qui dure depuis longtemps et pourra faire venir les soldats comme garnisaires !

L'aventure était pour piquer la curiosité. Je suis donc allé à Tennie. Mais j'ai trouvé partout bouche close. A l'auberge on me regardait avec défiance, dans la rue, avec hostilité. Si les riverains de l'Avre ont beaucoup menacé les Parisiens, qui veulent prendre leur eau, ici on ne s'en tiendrait pas à la menace. Devant l'impossibilité d'obtenir le moindre renseignement, j'ai dû me

borner à contempler les vastes prairies qui font
l'objet des revendications tennisiennes. Elles
s'étendent sur les deux rives de la Vègre et d'un
petit affluent, sur une bande variant de 300 à
500 mètres et couvrant 60 hectares. Pas d'arbres,
pas de haies. Dans ce pays, où chaque parcelle
est jalousement close de talus de terre, de taillis
et de grands chênes, c'est là un phénomène. Ces
prairies sont, en ce moment, couvertes de bétail :
bœufs, vaches, veaux, ânes, chevaux y paissent.
Près d'un millier d'oies y vaguent. Tous ces animaux appartiennent aux gens de Tennie; c'est en
vertu du droit d'usage qu'ils prétendent avoir
qu'ils les font pâturer.

Pendant que je contemple la prairie, une bande
de gamins s'y rend en chantant. La prairie est
non seulement terrain de pâture : c'est encore la
promenade publique. La chanson est sur l'air de
la *Marseillaise*; mais les paroles sont bizarres. Les
galopins paraissent s'adresser à moi en accentuant
le refrain :

> En masse, Tennisiens,
> En fureur, levons-nous.
> Allons, marchons, marchons, rallions-nous
> Pour chasser ces voyous.

C'est la *Marseillaise de Tennie*. J'ai pu, à Conlie,

m'en procurer le texte : c'est l'exposé même des prétentions tunisiennes; à ce titre, elle mérite d'être reproduite :

> Quoi ! l'on veut clore nos prairies
> Pour s'enrichir à nos dépens ?
> Verrait-on contre nous les furies
> Nous forcer aux vœux des tyrans ? (*bis*)
> Nous ne souffrirons pas leurs outrages
> Ni aucun acte spoliateur,
> Car nous sommes les possesseurs
> Et bien maîtres de nos herbages.

Au second couplet on convie les Tunisiens à se rallier

> En foule autour des oppresseurs.
> Soyons sévères spectateurs
> Et narguons leur sévère audace.

Le quatrième couplet est plus ému :

> Depuis longtemps, cet héritage
> Fut conservé par nos aïeux ;
> Comme eux, nous aurons le courage
> De leur donner mauvais accueil. (*bis*)
> Notre intérêt nous y engage
> Pour nous, et nos petits enfants
> De l'avenir seront contents,
> Qu'on leur laisse leurs droits en partage.

Voici maintenant la note idyllique :

> Nous n'irons plus dans nos prairies
> Voir paitre nos nombreux troupeaux.
> Les bergers et bergères jolies
> Ne verraient plus de jours si beaux ! (*bis*)
> Leurs plaisirs seraient noyés de larmes,
> Un frein retiendrait leurs amours;
> Ils ne feraient plus de beaux jours
> Si l'on laissait ravir leurs charmes.

Au ton héroïque maintenant :

> L'intérêt de nos droits invoque
> La liberté et le sang-froid
> Contre l'agresseur qui provoque.
> Du courroux bravons donc l'effroi ! (*bis*)
> Quand ils viendront, ils seront sûrs d'être,
> De leur honte lavés dans l'eau;
> Ils pourraient trouver leurs tombeaux
> Dans les flots profonds de la Vègre.

Et ne croyez pas que ce soient là des menaces lyriques : chaque fois qu'on a voulu faire exécuter un jugement de 1858 déclarant nuls les droits revendiqués par les Tennisiens, on a vu ceux-ci s'insurger et se préparer à repousser la force armée. On n'a pas osé aller jusqu'à l'exécution brutale, et, depuis trente-deux ans, la loi est bravée.

Le plus singulier, c'est qu'on ne peut trouver

nulle part dans les archives l'origine ou, mieux, la trace des droits revendiqués par Tennie.

La population a tous les caractères de la race celtique. Alors que les villages voisins paraissent avoir été fortement mélangés de sang latin, chose naturelle, puisqu'un village voisin, Neuvy-en-Champagne, fut une station romaine, Tennie est restée à part. J'ai entendu émettre cette idée que les droits de Tennie remonteraient à l'époque gauloise. Quoi qu'il en soit, on ne les voit codifier qu'en 1816. A cette époque, le conseil municipal prit une décision en vertu de laquelle, à partir du 25 mars, il serait interdit d'entrer dans les prairies. Dès cette date, les propriétaires rentreraient en possession de leurs biens jusqu'au 24 juin pour la grande prairie, dite de la commune ; au 29 juin, pour la prairie dite des Places ; au 20 juillet pour la prairie des Jumeaux. Passé ces dates, les propriétaires des quatre-vingt-quatre parcelles n'auraient pas le droit de couper le moindre brin d'herbe et, s'ils étaient étrangers à la commune, n'auraient pas même le droit de faire pacager sur leurs propres fonds. En somme, ce n'est point là de la vaine pâture : le conseil municipal édictait une sorte de copropriété.

On comprend que les propriétaires aient refusé d'admettre ces prétentions. Après des luttes sans lin, quelques-uns obtinrent le jugement de 1858. Mais autre chose était de faire proclamer son droit, autre chose de l'exercer. Un vieillard de Sillé prétendit cependant faire borner et clore sa parcelle. A peine apparut-il à Tennie qu'une bande de sept ou huit cents individus, composée en majeure partie de femmes ayant à leur tête une virago, l'entoura, le houspilla et, après l'avoir bien battu, le força à prendre part à une ronde. Le maître, effrayé, déguerpit et ne reparut plus. On condamna bien quelques-uns de ses agresseurs ; mais ils passent pour des martyrs. Ce ne fut qu'un premier cas. Depuis lors et jusqu'à ce jour, les habitants ont maintenu leur possession, mais ils craignent toujours qu'on vienne la leur enlever. Chose curieuse, c'est sous l'Empire que ce droit leur fut contesté juridiquement et, aujourd'hui, les hommes de l'Empire, s'emparant de l'affaire, se font les défenseurs de Tennie et affirment aux habitants que la République veut leur reprendre violemment leur droit de pâture.

Aussi la question est-elle et restera-t-elle longtemps en suspens. Rien n'y fera. Il faudrait un régiment pour mettre Tennie à la raison, et l'on aurait du sang répandu. Les prairies sont la vie de la commune. Non seulement par le pacage, mais pour les facilités du rouissage : ceux des usagers qui ont installé un routoir sur la Vègre le louent aux cultivateurs des communes voisines, ainsi que l'aire voisine pour le séchage des chanvres, et cela au prix de 12 fr. par hectare.

Il ne faut pas s'étonner si les prés, cependant d'excellente qualité, ne donnent pas de fourrage abondant. L'hommée (33 ares) ne vaut à Tennie que 500 fr.; elle en vaut 1,000 dans les communes voisines. Les propriétaires en gémissent. Afin d'être délivrés de l'usage, ils ont offert 80,000 fr. à la commune; celle-ci a refusé. On préfère les menus profits à la forte somme.

Cette question de la vaine pâture a été soulevée dans toute la région et a même causé mort d'hommes à Brûlon et à Loué. A Bernay-en-Champagne, le conseil municipal, plus avisé, adjuge à prix d'argent le droit d'usage, et les propriétaires l'ont acquis. A Tennie, rien n'est possible. Ce ne sont pas les mêmes gens qu'ailleurs. « Que ferait-on, me disait un archéologue du Mans, contre une population qui doit conserver ataviquement la conscience de ses droits, où l'on est resté Gaulois, tant par la constitution solide des hommes et la beauté des femmes, superbes de « bâtissure » et de santé, que par des allures gouailleuses et un entêtement de sauvage? »

# IV

## SABLÉ ET SES MARBRES

La genèse d'une grande industrie. — Carrière de Port-Étroit. — Solesmes. — Un village de bénédictins. — Les beaux-arts pour les gendarmes. — La scierie des marbres. — Industrie familiale. — Essai de socialisme chrétien. — Les marbres de Bouère. — Carrières modèles. — Les anthracites de l'Ouest. — Californie noire. — Les marbres belges et les ateliers de Cousolre.

*Sablé.*

Si la nouvelle organisation territoriale de la France n'a pas fait de Sablé un centre administratif considérable, puisqu'elle est un simple chef-lieu de canton, cette petite ville n'en a pas moins gardé une prépondérance réelle sur la vallée inférieure de la Sarthe. C'est un centre considérable de croisement de voies ferrées, le point où la ligne directe de Paris à Saint-Nazaire se détache de la ligne de Paris à Angers; c'est un marché important; de beaux édifices particuliers bordent ses rues, de vastes magasins étalent des devantures luxueuses. Tout paraît un peu trop battant neuf peut-être; le château seigneurial de la duchesse de Chevreuse, sur la colline, est lui-même d'une blancheur éblouissante.

La Sarthe, l'Erve, la Vaize se mêlent au sein de la ville en un dédale de canaux et de bras dans lesquels se mirent les maisons et les collines. Ce riant aspect de Sablé contraste avec son industrie minérale. Tout autour sont des mines d'anthracite, semblables à celles de la Mayenne, et de magnifiques carrières de marbre noir, fortune du pays.

A Londres et à Amsterdam, les marbres de Sablé sont en possession du marché. Londres préfère à tous les autres les marbres noirs, veinés de blanc par des fossiles métamorphiques. Amsterdam, cependant à proximité des marbres belges, montre également pour les produits du Maine une préférence bien justifiée d'ailleurs.

Peu d'industries se sont développées plus régulièrement. Depuis 1745, la famille Landeau exploite les carrières dont la première a été ouverte en 1685. En 1745, Pierre Landeau, maître carrier-marbrier, commença les recherches qui ont fait connaître les principaux gisements. Mais, pendant longtemps, malgré la beauté des marbres de cette région, les débouchés furent restreints, non seulement parce que les moyens de communication étaient rares, mais surtout à cause des procédés primitifs d'exploitation. Le sciage des marbres avait lieu au moyen de scies à bras. Vers 1820, on appliqua la force hydraulique à des scies de quatre-vingts lames; vingt ans après, il fallait créer une nouvelle usine, installée sur le barrage de Solesmes. Jusque-là, on se bornait à débiter en tranches et à vendre les marbres bruts.

Vers 1840, une révolution profonde se fit dans l'industrie des marbres : la Belgique avait installé des ateliers de sculpture et de polissage près de ses carrières et inondait le marché. Les fabricants de marbrerie de nos grandes villes, ne pouvant plus lutter, renvoyèrent leurs ouvriers et se firent simplement intermédiaires entre le consommateur et les industriels des carrières. Les carrières françaises, qui se bornaient à l'extraction et au sciage, subirent donc une crise terrible. A Sablé on n'hésita pas un instant, on improvisa une population ouvrière, on créa des écoles de marbrerie et de polissage, on s'efforça de spécialiser chaque partie du travail. Il y a quarante ans cette industrie était absolument inconnue à Sablé; elle occupe aujourd'hui près de quatre cents ouvriers, sans compter les carriers.

La première carrière ouverte est encore en pleine exploitation. Même pour qui a vu les ardoisières d'Angers, le spectacle vaut une visite. La carrière est à un quart de lieue de Sablé. On s'y rend en traversant un parc légué à la ville par un banquier. Promenade admirable avec ses belles allées de chênes verts et de chênes rouvres, ses pelouses, ses massifs, ses kiosques, ses statues couvrant les flancs de la colline. Le viaduc du chemin de fer de la Flèche traverse la rivière à une grande hauteur; à travers ses arches grêles on voit fuir au loin, entre les collines de Juigné et la masse majestueuse de l'abbaye de Solesmes, la nappe étincelante des eaux. Près du viaduc, au-dessous des mines d'anthracite, s'ouvre la carrière de Port-Étroit.

C'est un vaste cirque de roches noires, taillées à pic d'un côté, de l'autre présentant une gigantesque table de marbre disposée en pente selon un angle de 45°; la hauteur totale de la couche en exploitation atteint 25 mètres dont 18 de hauteur utile. L'aspect de cette dalle inclinée est étrange; la roche est d'un noir mat, traversée par des veines étroites, d'un calcaire blanc ou rose; cette déclivité est d'autant plus précieuse que le calcaire cristallin est disposé par couches ou strates d'un mètre d'épaisseur au plus. On coupe la roche au niveau du sol, à l'épaisseur de la couche rencontrée, puis, à l'aide de coins, la dalle est fendue du haut en bas, en une sorte de bande gigantesque, divisée ensuite par le même procédé en blocs ayant parfois plusieurs mètres cubes ; ces blocs sont attachés à un câble mis en mouvement par un cabestan et, peu à peu, détachés de la couche inférieure. Le mouvement est d'abord très lent, bientôt l'énorme masse, enfin descellée, glisse avec un bruit de tonnerre et vient s'échouer sur le sol de la carrière, où elle est débitée en blocs de dimensions moindres, pouvant être transportés à la scierie.

Dans une telle opération les déchets sont naturellement considérables, mais l'existence des mines d'anthracite permet d'utiliser tous les débris pour la fabrication de la chaux. Un énorme four est établi à l'entrée de la carrière, le charbon, venu d'une fosse située au-dessus de la colline, est précipité au fond de la carrière, où des wagonnets viennent le chercher. Les calcaires grossiers de la surface et les débris de l'exploitation sont ainsi jetés au four et transformés en chaux que le voisinage de la rivière permet de transporter à bas prix dans l'Anjou et le Maine.

La carrière de Port-Étroit, dont une partie, composée de calcaire de qualité inférieure, sert à la fabrication de la chaux, occupe une quarantaine d'ouvriers. Elle est séparée de la Sarthe par la route ; les blocs peuvent donc être transportés par eau jusqu'aux usines voisines, à Sablé et Solesmes.

L'usine de Solesmes est dans une des plus belles situations de la vallée, au pied même d'une abbaye fameuse, en face de Juigné. Bien que le village soit tout proche, les ouvriers ne l'habitent guère ; ils résident soit à Sablé, soit sur l'autre rive, à Juigné. Le village, très gai, très coquet, avec sa large rue aux maisons tapissées de plantes grimpantes, a d'ailleurs peu d'habitants laïques. C'est un village de bénédictins. Toutes les maisons sont habitées par des moines ; on les voit aller et venir, se visitant les unes les autres, se rendant à l'église paroissiale pour assister aux offices, mais l'abbaye et son admirable chapelle leur sont interdits.

On se souvient des incidents qui marquèrent à Solesmes l'exécution des décrets. Les bénédictins, appuyés par une partie des châtelains du voisinage, refusèrent d'obéir ; une grande dame frappa un gendarme au visage ; cependant force resta à la loi. Depuis lors le couvent est fermé, des gendarmes recrutés à tour de rôle dans toutes les brigades de l'arrondissement empêchent l'accès de l'édifice. C'est une déception pour le touriste, car l'église de l'abbaye est une merveille ; *les saints de Solesmes*, ces belles sculptures sans rivales, ne peuvent être contemplés aujourd'hui que par la gendarmerie. Même le sous-préfet s'est vu refuser l'entrée de l'édifice. Impossible aussi de visiter cette *mise au sépulcre*, ce *calvaire*, ce *massacre des Innocents* qui ont porté si haut la célébrité de Solesmes.

Nulle part, comme à Solesmes, on ne juge mieux de l'absurdité de la situation faite aux congrégations. Les bénédictins de Solesmes sont censés dispersés, légalement leur association est dissoute, leur couvent, leur église sont sous séquestre. Et cependant pas un ne manque, tous sont là autour du vieil édifice. Si leur autel est interdit, ils ont toujours leur existence monastique. Le pouvoir se donne toute l'apparence de la persécution sans avoir l'avantage de se faire obéir et respecter.

Les bénédictins se sont faits à cette vie nouvelle. Chacun a sa maison. L'un d'eux habite au bord de la rivière une vieille demeure d'un goût italien, d'où l'on jouit d'une vue charmante. Tout à l'heure je le voyais arpentant la terrasse. Son profil sombre se détachait vigoureusement sur le mur. Aux fenêtres des maisons voisines, d'autres moines semblaient perdus dans leur contemplation. La cloche de Solesmes ou celle du vaste couvent de bénédictins sonnait, et toutes ces figures d'ascètes disparaissaient, appelées pour un acte de la vie monastique. Solesmes, ainsi vu, est certes fort curieux. Mais on n'en revient pas moins avec l'impression qu'une faute a été commise et se perpétue, laissant sur l'autorité, selon les opinions, un rôle odieux ou ridicule.

Des fenêtres de l'abbaye on domine les scieries de marbre, élevées près des barrages de la Sarthe. Ces usines se bornent à débiter en tranches, au moyen de châssis armés de lames, le marbre extrait de Port-Étroit ou des carrières plus importantes de Bouère. Les tranches sont ensuite aplanies et polies, puis envoyées aux magasins de Sablé, où elles seront livrées aux ouvriers.

Ici nous nous trouvons en présence d'une organisation industrielle très intéressante.

Les dessinateurs attachés à l'usine préparent les dessins. Des machines ingénieuses permettent de faire les moulures les plus simples. La sculpture est faite dans les ateliers par des ouvriers spéciaux ayant reçu, dès l'adolescence, une instruction technique par les soins des manufacturiers. Mais le marbre sorti des machines ou du ciseau est terne, il faut lui donner le poli miroitant qui fait la beauté des roches marmoréennes. Ce travail a lieu à domicile dans des ateliers appelés ateliers de famille par les créateurs, imbus de l'esprit de socialisme chrétien. Dans ces ateliers, le père, la mère, les enfants travaillent à la fois. Chaque famille doit posséder une petite charrette pouvant supporter un chargement de 300 kilogr. destinée au transport des marbres à ouvrer ou travailler. Chacune de ces charrettes vaut environ 60 fr., le prix en est avancé par les usiniers. Ceux qui ne veulent pas faire cette acquisition viennent à l'atelier avec des civières sur lesquelles les tranches de marbre sont placées. Chaque matin, à heure fixe, les ouvriers arrivent à l'usine avec leurs charrettes et leurs civières, remettent les marbres polis et rapportent les marbres bruts.

Le travail consiste à *adoucir* le marbre avec du grès et de l'eau, à le *polir* à la pierre ponce, à le *frotter* avec un tampon imprégné d'émeri, à le *lustrer* à l'aide d'un encaustique à base d'essence de térébenthine et de cire.

Dans ce travail, la famille entière trouve à s'occuper, au grand avantage de la moralité. Il se fait sous la surveillance des patrons et des contre-maîtres. La seule chose exigée des ouvriers est l'observation rigoureuse du repos du dimanche. En cas d'infraction, les ouvriers sont punis par un ralentissement dans la remise des objets à préparer.

Grâce à cette méthode de travail à domicile, les ouvriers de Sablé jouissent d'une aisance réelle; beaucoup d'entre eux sont possesseurs de la maison et du jardin qu'ils habitent.

Les marbres noirs de Sablé ne sont pas les seuls utilisés dans l'usine ; on tire de Belgique, des Pyrénées et d'Italie certains marbres demandés par le commerce, mais on y met en œuvre surtout les belles roches trouvées dans la Mayenne, non loin de Sablé, près du petit village de Bouëre. Les exploitations de chaufourniers ont fait reconnaître sur ce point des marbres d'une rare beauté, dont quelques-unes servent à la confection d'objets d'art. On y trouve des marbres noirs à fond gris, des marbres gris rayés de rouge et des marbres jaspés de rouge vif, de rose et de teintes intermédiaires. Ce sont les marbres connus dans le commerce sous le nom de gris, bois-jourdan et rose-enjugeraie.

Dans ces carrières, le marbre n'est pas disposé en couches inclinées comme à Port-Étroit. Il a fallu employer d'autres procédés d'extraction. Ici on a mis à profit les plus récentes découvertes industrielles. La carrière est une véritable usine à vapeur. La roche, déblayée des marbres de qualité inférieure, présente à l'ouvrier les matériaux de choix, elle est coupée d'une façon régulière au moyen d'un fil de fer sans fin, creusé d'une rainure hélicoïdale. Par ce fil on a pu couper avec une régularité extraordinaire un banc de 25 mètres de longueur, sur une hauteur de 10 mètres. C'est la muraille même de la carrière. Un autre procédé d'abatage est l'emploi d'un trépan, courant sur des rails, creusant une profonde et large rainure dans la dalle marmoréenne et réduisant la roche en poussière ; un filet d'eau entraîne sans cesse les poussières produites par la formidable machine.

Les carrières de Bouère sont plus belles encore que celles de Juigné. La roche y a des teintes splendides, cristallines et dorées. Un chemin de fer funiculaire va chercher les blocs et les ramène au niveau du sol ; là ils sont régularisés de façon à éviter un transport inutile, chargés sur des voitures et conduits aux usines de Sablé et de Solesmes. Les déchets sont également employés à la fabrication de la chaux. Chaque carrière possède son four, construction énorme. Plusieurs de ces fours sont aujourd'hui abandonnés, soit manque de débouchés, soit à la suite de l'acquisition par un syndicat de presque tous les fours à chaux de cette partie du Maine. On avait imaginé de grouper en un seul faisceau d'intérêts les carrières de pierres à chaux et les mines d'anthracite. Pendant la grande vogue du chaulage, à l'époque de la mise en valeur des landes, la chaux trouvait des débouchés énormes, grâce aux rivières navigables. En outre, les anthracites de

Sablé n'ayant pas de concurrence, puisque, les chemins de fer n'existant pas, on ne pouvait recevoir les houilles anglaises, les mines de charbon connurent une grande prospérité. Les mines de Fercé donnèrent jusqu'à 7,000 fr. de revenu pour un capital de 12,000 fr. La prospérité et la décadence de ce petit bassin houiller de Sarthe et Mayenne mériterait d'être étudiée.

Aujourd'hui, les fours à chaux, un peu éloignés des mines d'anthracite et n'ayant aucun rapport d'intérêt avec celles-ci, emploient de préférence les charbons anglais, venus par Saint-Malo, Caen ou Nantes, malgré le prix considérable du transport, et la marbrerie est le principal exploitant des gîtes calcaires; sans elle, l'industrie de la chaux aurait peut-être abandonné la contrée de Sablé et les mines de charbon auraient plus de peine encore à résister à la concurrence anglaise.

Sablé a fort à lutter contre la marbrerie du Nord et de Belgique. Les carrières belges jouissent de faveurs douanières dues à leur situation topographique. Si les droits de douane sont imposés aux produits fabriqués on a pu tourner cette difficulté par la création d'usines sur le territoire français; Cousolre, non loin de Maubeuge, à la frontière même, est devenu un centre industriel considérable peuplé uniquement de marbriers. On y fabrique plus spécialement le bibelot : pendules, presse-papier, etc. Dans la même région, à Jeumont, à l'entrée du chemin de fer sur le territoire français, existe une grande usine; un peu plus loin à Pont-sur-Sambre, un autre établissement de même genre a été créé. Ces usines, outre leur proximité des grands centres de population du Nord et de l'Est, ont la Sambre qui leur permet de conduire leurs produits à Paris, par les canaux, à des prix que la marbrerie de Sablé ne saurait atteindre ou atteint à grand'peine par la perfection de son outillage. Cependant Sablé ne demande pas la protection, ses industriels font avec l'Angleterre, les Pays-Bas et l'Amérique un commerce considérable; ils se bornent à réclamer la réciprocité.

## V

### LAVAL ET PORT-DU-SALUT

Une bibliothèque de province. — Ambroise Paré est-il mort protestant? — Laval. — La vieille ville et la ville neuve. — L'industrie lavalloise, coutils et colonnades. — Béatrix de Gavres et ses tisserands de Flandre. — Grandeur et décadence des toiles de Laval. — Doléances des fabricants de coutils. — Les mines d'anthracite. — Port-du-Salut. — Les trappistes fabricants de fromage.

*Laval.*

J'étais tout à l'heure à la bibliothèque, en quête de documents locaux sur la chouannerie. Je croyais rencontrer une de ces salles somnolentes, où les livres, enfermés dans des vitrines grillagées, attendent avec patience qu'un chercheur, venu de loin, ose troubler leur repos. La bibliothèque de Laval, en ceci, ne ressemble pas à la plupart des bibliothèques de province. Nous nous sommes bien trouvés, en cette matinée, une dizaine à faire des recherches. J'étais étranger, ces messieurs ont voulu me faire les honneurs de leurs richesses et m'ont entraîné à discuter avec eux une question passionnante pour les érudits lavallois. Une note du *Temps* l'a soulevée.

Ambroise Paré s'est-il converti à la religion catholique ou est-il mort protestant? Chacun apportait des textes et soutenait sa théorie, sans y mettre de passion. Un officier supérieur, protestant, admettait la conversion sous la crainte de la mort; un prêtre catholique, s'appuyant sur l'autorité du maître, penchait pour sa fidélité à ses croyances. Cet esprit de tolérance, à Laval, en plein Maine, au cœur d'une région jadis si fanatiquement catholique, n'est-elle point pour surprendre?

Quand on voit Laval, on comprend cette douceur des relations et cette modération des idées. La ville est si mollement assise sur les deux rives de la riante rivière, ses longs boulevards, ses jardins publics ombreux ont tant de calme et de gaîté qu'il semble difficile en un tel pays de faire montre de passion. Cependant, la politique n'est pas moins ardente ici qu'ailleurs et sépare la société en clans non moins brutalement tranchés.

Entendant à la terrasse d'un café d'âpres discussions sur les choses du pays, je songeais à Ambroise Paré et me disais que peut-être bientôt pourra-t-on discuter ici sans haine sur les choses du jour, comme on le faisait ce matin sur le grand médecin de Charles IX.

Ambroise Paré est né dans le vieux Laval, le

Laval féodal dont il ne reste pas grand'chose aujourd'hui. Les quais de la Mayenne ont fait disparaître les maisons qui baignaient leur base dans la rivière. Le vieux château des sires de Laval-Guyon est toujours debout sur son rocher, ses vieilles tours supportant maintenant les murs blancs du palais de justice, nouveau château greffé sur un autre plus ancien, conservant encore de belles fenêtres de la Renaissance. Les remparts ont disparu ; il en reste une porte, la porte Beucheresse, flanquée de deux lourdes tours dont on a fait des habitations ornées de fenêtres neuves dénaturant le vieil édifice si bizarrement empanaché de lilas croissant dans la pierre ; mais le monument par excellence de Laval, c'est l'admirable viaduc traversant la Mayenne à près de trente mètres de hauteur, fort élégant, fort hardi, et fermant harmonieusement la ville vers le Nord. A l'autre extrémité de Laval, dans le faubourg d'Avenières, est une précieuse église romane surmontée d'un clocher du seizième siècle. Vus du pont neuf qui réunit les deux parties de la ville, ces deux édifices, le viaduc et Avenières, le château et la terrasse des jardins publics couronnant un rocher, donnent à Laval un caractère de grandeur et de beauté qui manque à trop de villes de l'Ouest.

Cet aspect n'est point déparé par les usines,

bien que l'industrie locale soit fort active. La fabrication des coutils, si réduite à Mayenne, a conservé ici son importance, malgré les efforts de nos concurrents, mais elle tend à se transformer. Les métiers à bras des petites manufactures et les ouvriers travaillant à domicile font place aux usines; déjà, à Avenières, de vastes établissements mécaniques ont centralisé le travail qui jadis se faisait dans la ville et la campagne. Cette transformation est regrettable, mais elle s'impose par la lutte ardente que nous avons à soutenir contre l'Allemagne. L'industrie des coutils, jadis presque exclusivement française, a aujourd'hui en Angleterre, en Belgique et en Allemagne des manufactures considérables. Nos fabricants n'ont réussi à conserver leur situation que par leur goût et par l'habileté de leurs ouvriers. Comme tant d'autres industries, elle ne fait guère ses affaires que par l'intermédiaire de commissionnaires parisiens, dont beaucoup sont étrangers et ne tiennent pas trop à aider au développement de l'industrie de Laval au détriment de celle de leur pays. C'est pour le compte de l'Amérique du Sud que se font la plupart des affaires. Il y a là un marché considérable; Laval devrait bien tenter de l'exploiter directement, comme il le fait déjà par le bassin méditerranéen, où nombre de maisons ont su se créer des relations. En se débarrassant ainsi des intermédiaires qui prélèvent sur eux de fortes commissions, nos commerçants pourraient compenser le bas prix des articles concurrents, et, par l'excellence de leurs produits, se rendre maîtres de bien des marchés.

On connaît le coutil : une étoffe très légère et en même temps très résistante, propre aux climats chauds, composée soit de coton ou de fil, soit de ces deux textiles mélangés. Jadis très simples, gris ou blancs, les coutils sont aujourd'hui les étoffes aux dessins très variés rappelant les tissus de laine de Roubaix ; on s'y méprendrait sans l'aspect rigide, presque métallique, des coutils ; encore a-t-on inventé des machines qui fripent l'étoffe, qui l'*usent* avant l'emploi pour lui donner l'aspect moelleux de la laine. La fabrique de Laval a dépensé dans cette lutte beaucoup d'ingéniosité ; on peut dire qu'elle doit à son esprit de progrès de s'être maintenue malgré les difficultés de sa situation, loin des lieux de production des matières premières.

La naissance de cette industrie est assez curieuse ; elle a progressivement remplacé la fabrication des toiles. Celle-ci valut jadis un grand renom à Laval où elle avait été implantée vers la fin du treizième siècle. Une dame Béatrix de

Gavres, originaire des Flandres, avait épousé un seigneur de Laval. Voyant ses nouveaux sujets fabriquer avec « petit profit de petit advantage » des « tissus de laine, serges, camelots et draperies », elle eut l'idée d'amener dans le Maine l'industrie de son pays. Elle fit venir de Bruges des tisserands; ils apprirent aux Lavallois à fabriquer des toiles semblables à celles du Nord. Dès 1298, le commerce était en pleine activité. Laval, simple bourgade féodale, devint alors une ville; le pays se mit à cultiver le lin, mais il fallut près de deux cents ans pour que la blanchisserie, s'implantant au bord de la Mayenne, donnât à Laval toute son importance. En 1484, rapporte un chroniqueur, des marchands lavallois s'étant rendus à Nantes pour y vendre des toiles de leur pays, ils y apprirent l'art de blanchir les toiles. A leur retour à Laval, ils installèrent des blanchisseries. Bientôt la renommée des toiles de Laval se répandit; les Espagnols qui commerçaient avec Nantes prirent l'habitude de se rendre à Laval; une vieille chronique rimée dit à ce propos :

> Trois lavandiers il y avait
> Qui leur toile y blanchissait
> Sur la rivière devers Bootz
> Où des toiles avaient de beaux lots

> Les Espagnols y descendoyent
> Et leurs toiles cy achetoyent
> Dont il demeurait grand argent
> Qui soutenait beaucoup de gens.

Ces rapports amenèrent plus tard les relations de Laval avec les pays espagnols de l'Amérique du Sud. Le commerce de cette ville fut un moment énorme, rappelant l'activité des cités industrielles des Flandres. Les crises politiques, la concurrence des étoffes de coton, des méthodes de négoce défectueuses, ruinèrent cette industrie; elle fut remplacée par celle des étoffes de coton. Aujourd'hui, le tissage et le blanchiment des toiles ont à peu près disparu; il n'en reste à peine que le souvenir, perpétué par un immense édifice, la Halle aux toiles.

Mais l'industrie des coutils est encore prospère. Si le lin n'est plus cultivé dans le Bas-Maine, et si l'on ne possède aucune filature de ce textile, le coton est préparé sur place par la puissante usine de Bootz, une des filatures les plus remarquablement outillées de France. Elle occupe 350 ouvriers, dont 220 femmes, et compte 25,000 broches, dont 7,000 travaillent la nuit, ce qui porte à 32,000 le nombre des broches par jour de travail; 4,000 broches sont occupées à la retorderie. Peut-être verrait-on la filature prendre un plus grand essor si les tarifs des chemins de fer n'étaient pas aussi élevés.

La Mayenne est bien navigable jusqu'à la Loire, elle présente même un mouvement considérable ; mais cette voie ne peut être considérée comme utile à cause des dangers de la navigation entre Angers et Nantes. On ne peut donc compter sur la concurrence fluviale pour faire abaisser les prix de transports. Ainsi les charbons nécessaires aux usines supportent 5 fr. par tonne, de Saint-Malo à Laval. Or, la seule usine de Bootz consomme 10 tonnes par jour. Naturellement, ce sont des charbons anglais ; ils reviennent ici à 35 fr. la tonne, les charbons du Nord coûtent 43 fr.

Le débouché naturel pour l'exportation se trouve, non par Nantes, mais par le Havre. Il se produit à ce propos un phénomène singulier ; Flers, situé à 91 kilomètres au nord de Laval et à 304 du Havre, paie seulement 20 fr. la tonne pour les tissus de coton, Laval en paie de 60 à 65 ! Alors les Lavallois ont imaginé d'envoyer leurs produits à Flers et à la Ferté-Macé par des messagers, pour les réexpédier ensuite par chemin de fer. Il y a plus, les produits allemands similaires jouissent de telles réductions de taxe qu'ils arrivent au Havre à des conditions plus douces ; ils sont estampillés avec des marques françaises et enlèvent à Laval une part de ses débouchés.

Dans le Midi, où les articles de Laval se vendent bien, la question de tarif a également surgi. Les taxes sont trop élevées ; alors on a imaginé, dans quelques maisons, de fractionner les commissions en paquets de 3 kilogr., afin de profiter du tarif des colis postaux ; malgré la multiplicité des emballages, il y a encore avantage à agir ainsi. Un des grands industriels a été amené à faire jusqu'à 100 colis pour une seule commission.

Laval, s'il était mieux traité au point de vue des transports, prendrait certainement une importance plus grande encore. La population ouvrière y est douce et intelligente. Ses 10,000 tisserands ou filateurs s'accroîtraient d'autant plus facilement que la vie est facile et que l'on se contente de salaires peu élevés.

On a pu rêver un moment de transformer Laval en grande cité lorsqu'on découvrit aux environs des mines d'anthracite. Ces gisements paraissaient riches, les charbons anglais et du Nord ne pouvaient parvenir dans la contrée, car les chemins de fer n'avaient pas encore pénétré dans le Maine, quand, il y a cinquante ans, M. Triger signala la présence du combustible végétal.

On s'est alors jeté sur l'exploitation du charbon. Celui-ci a été reconnu depuis Nantes jusqu'à Sablé; les gisements s'étendent même vers la Loire, autour d'Angers, et se présentent de l'autre côté du fleuve. Tant que les charbons anglais n'ont pu pénétrer dans le Maine et l'Anjou, ce fut l'âge d'or; on commençait à employer la chaux en agriculture; il était précieux de trouver dans le même sol le calcaire et le combustible. Mais bientôt la houille est venue lutter contre l'anthracite; elle a été préférée pour le chauffage des machines à vapeur; les chaufourniers eux-mêmes ont abandonné l'anthracite.

En ce moment, il y a une certaine recrudescence, la hausse des charbons anglais a ramené les chaufourniers au charbon de la Mayenne. Au prix actuel de la houille, les usiniers eux-mêmes auraient avantage à employer l'anthracite.

Les puits de ces mines n'ont rien des luxueuses installations de la Loire et du Nord; ce sont de très humbles et très simples fosses d'un outillage très primitif; il ne faut y chercher ni les hautes constructions, ni les habitations d'ouvriers, ni les voies parcourues par des locomotives. Elles sont isolées au milieu des campagnes solitaires, loin des chemins de fer. Une d'elles cependant, à Montigné, est reliée au chemin de fer par une voie étroite qui conduit les wagonnets à un « port sec » Montigné possède quatre puits; ils ont donné, en 1889, 12,479 tonnes; Bazouges-de-Chemiré avec trois puits en a extrait 13,706; l'Huisserie avec quatre puits a monté au jour 14,470 tonnes; enfin la production des trois puits du Genest a été de 4,907 tonnes seulement. Soit moins de 50,000 tonnes pour l'ensemble du département. Il y a décroissance, car l'extraction a parfois atteint près de 90,000 tonnes.

Ces mines sont au milieu de paysages tourmentés. Autant les plateaux sont monotones avec leurs closeries bordées de haies impénétrables, entre lesquelles courent des chemins qui sont d'affreux et impraticables bourbiers, autant les vallons sont pittoresques avec leurs roches à pic couronnées d'arbres. La vallée du Vicoin, au-dessus de laquelle sont creusés les puits de Montigné, est profonde et accidentée; elle atteint la Mayenne au-dessous de l'abbaye de Port-du-Salut, devenue fameuse par sa fabrication de fromages.

Port-du-Salut, près d'Entrammes, où les Vendéens remportèrent sur l'inepte général Léchelle une de leurs dernières victoires, est une des curiosités du pays. C'est un couvent de trappistes édifié dans un vieux monastère et transformé en véritable usine religieuse. Un moulin profite de la force motrice fournie par un barrage de la Mayenne ; il appartient aux moines ; ils l'ont transformé complètement, les meules ont été remplacées par des cylindres. Le couvent s'est accru de constructions banales. Une machine à vapeur y fait mouvoir des poulies donnant la vie à des mécanismes. Dans le grand jardin, les trappistes, tête nue, travaillent. J'expose à l'un d'eux mon désir de visiter l'établissement. Il s'incline devant moi jusqu'à terre, sans me dire un mot, me fait signe de le suivre et me conduit par des couloirs blanchis à la chaux jusqu'à la loge du frère portier. Chemin faisant, nous croisons d'autres moines, tous s'inclinent avec le même air d'humilité, mais sans prononcer une parole.

Enfin, me voici chez le frère portier. Celui-là peut parler, il fait appeler un autre moine uniquement chargé de conduire les étrangers. Nous parcourons la Trappe, mon guide me montre les froides cellules, la chapelle, le réfectoire, où le repas des moines, une sorte de brouet visqueux semblable à de la gelée, est servi dans des assiettes de fer, à côté de pain dur. Mon guide est un esprit très fin, très distingué ; à la façon dont il m'explique ce que nous voyons, on devine qu'avant de venir ici, il a eu un certain rang dans le monde.

Est-ce ma qualité de rédacteur du *Temps* qui l'a frappé? Mais il y a dans ses propos de religieux cicerone comme des réminiscences de conversations parisiennes.

La Trappe de Rancé et Port-Royal devaient, à certains jours de détente, rompre ainsi — oh! bien peu! — avec l'austérité de la règle.

Mais j'ai hâte de visiter ce qui fait l'originalité de Port-du-Salut, l'usine à fromage. Nous pénétrons dans une vaste salle, où deux vieux moines à longue barbe surveillent d'immenses chaudières où bouillonne le lait. Ceux-là encore me reçoivent en se baissant humblement, puis, sans mot dire, comme si aucun profane n'était entré chez eux, se remettent à surveiller la cuisson. Mon guide m'explique alors comment le lait est coagulé, mis en forme, salé et pressé. Il me fait descendre dans les immenses caves où les fromages se *font* en pâte onctueuse, prennent une belle croûte de couleur dorée et reçoivent la marque de la maison avant de monter au jour pour être emballés et expédiés à Paris, principal débouché pour Port-du-Salut.

La production est considérable; elle nécessite vingt mille litres de lait par jour et reste jusqu'ici un monopole pour la Trappe. On a tenté de créer à Laval et aux environs des fromageries concurrentes, mais toutes les tentatives ont été vaines.

Il est regrettable que le pays de Mayenne, si riche en prairies, n'ait pas tenté de suivre l'exemple donné par la Trappe, non en imitant servilement les produits des trappistes, mais en essayant de fabriquer des beurres et des fromages façon normande. Tout s'y prête, mais l'éducation du cultivateur est encore à faire.

Les trappistes de Port-du-Salut n'ont pas seulement importé de toutes pièces la fabrication du fromage de ce nom, — les trappistes du mont des Cats, près de Cassel, en font également. — On leur doit aussi d'avoir planté le vignoble le plus septentrional de cette partie de la France. Alors qu'il faut aller jusqu'aux confins de l'Anjou pour trouver la vigne, il y a là, aux portes de Laval, une plantation fort belle, entretenue avec un soin extrême, couvrant un plateau qui se termine au-dessus de la Mayenne par de brusques escarpements, dans un des plus beaux sites de l'Ouest.

On emporte de cette visite une impression singulière. Toute cette activité, tout ce mouvement commercial, ce progrès sous toutes les formes, jusqu'à la production du vin en plein pays de cidre, frappent d'autant plus que les auteurs de cette richesse sont vêtus de bure, sont tête nue, marchent avec de grossières sandales et se privent de tous ces produits obtenus par leurs mains.

Aucun autre établissement monacal, pas même la Chartreuse, ne vous laisse des sensations aussi fortes et troublantes.

# VI

## CHEZ LES CHOUANS

Les Bleus et les Blancs. — L'abbaye de Clermont. — Port-Brillet et ses étangs. — Le bois de Misdon. — A travers les « charnières ». — La closerie des Poiriers. — La maison de Jean Chouan. — La famille Cottereau. — Singulière gloriole. — Victor Hugo mystifié. — Le vrai Jean Chouan. — La forêt de Pertre et le comte de Puisaye.

Port-Brillet, près Laval.

Dans toute cette contrée du Bas-Maine, le visiteur, s'il ne connaît pas l'Ouest, est fort surpris d'entendre, suivant les lieux et les gens, les habitants se traiter de Bleu ou de Chouan. Demandez un renseignement sur quelqu'un, il y a fort à parier qu'on vous répondra en lui appliquant une de ces deux épithètes. Le Bleu a une nuance libérale, sa famille a été républicaine, impérialiste ou orléaniste. Le Blanc, c'est le légitimiste intransigeant. N'est pas Blanc qui veut. Il faut avoir eu des chouans authentiques dans sa famille, de ceux qui ont couru les bois de Misdon et du Pertre à la chasse aux Bleus et fait le coup de feu avec les forgerons de Port-Brillet. Ils sont rares ceux-là. D'ailleurs, beaucoup de ceux qui votent pour des candidats hostiles à la République considéreraient comme une injure l'épithète de chouan.

Je viens de visiter le théâtre des exploits de Jean Chouan et de sa troupe. Sauf le chemin de fer qui longe la vallée étroite du Vicoin et un petit réseau de routes rayonnant autour de Port-Brillet, le paysage n'a guère changé. Malgré les luttes ardentes dont ce pays a été le théâtre, les édifices du passé sont restés debout; à Clermont, une abbaye du treizième siècle renfermant de précieux tombeaux a été respectée. Quand on connaît les scènes tragiques déroulées ici, une telle préservation tient du miracle.

Une gare est établie à l'entrée même du bois de Misdon, à Port-Brillet, dans une des situations les plus pittoresques de la ligne de Rennes. Un vaste étang, aux eaux limpides, dentelé de petits golfes bordés de collines boisées, bat le talus de la voie. Un second étang, non moins vaste, plus solitaire et plus mélancolique, s'étend de l'autre côté de la colline et se déverse dans celui de Port-Brillet, par un ruisseau aux eaux écumantes. Toute cette masse liquide fait mouvoir les forges de Port-Brillet, jadis un des établissements les plus considérables de l'Ouest.

De Port-Brillet une route conduit à Bourgneuf, par le bois de Misdon, — on prononce ainsi dans le pays, mais l'état-major écrit Misedon. Dans la partie traversée par la route, le bois ressemble à tous les bois, mais dès qu'on a quitté le chemin vicinal pour suivre une longue avenue forestière, il prend aussitôt un caractère particulier. De profonds vallons le sillonnent, arrosés par des ruisseaux clairs, où les feuilles mortes font des barrages et les obligent à s'étaler en minuscules étangs. Peu de grands arbres, des taillis épais, encore épaissis par des houx et des fougères. A cinq pas, on ne distingue plus rien. Le sol, tapissé d'une mousse profonde, étouffe le bruit des pas. De nombreux sentiers battus, appelés « charrières », traversent cette solitude en tous sens, mais se croisent et s'enchevêtrent de telle sorte que les gens du pays seuls peuvent s'y reconnaître. L'état-major, sous l'impression des événements des bois de Misdon, a bien poussé assez loin le scrupule, il a indiqué sur sa carte, par des lignes pointillées, les principales de ces sentes ; mais on aurait tort de s'y fier : si habile soit-on à se servir de la carte, on a bien des chances de ne pas atteindre la lisière.

Et même une fois la lisière atteinte, il est peu facile de gagner la route ! Tous les chemins sont fermés par ces barrières à contrepoids si chères au Maine et à la Bretagne. Impossible de prendre à travers champs; de hautes banquettes de terre plantées de chênes et d'ajoncs en interdisent l'accès. Ces chemins, juste assez larges pour le passage d'une charrette, sont parfois de profonds bourbiers. Les maisons sont rares, dissimulées dans des fourrés où l'on a de la peine à les découvrir. Cependant on finit par trouver quelque cultivateur et si l'on est capable de graver en sa mémoire tous les « à droite, puis à gauche, puis tout droit » dont les indigènes abusent, on peut enfin atteindre un chemin macadamisé. Mais, si l'on a affaire au delà, nouvelles mésaventures.

Je cherchais le chemin de la closerie des Poiriers. Closerie, dans le langage du pays, veut dire une ferme close de ces banquettes boisées qui donnent au Bas-Maine son caractère sauvage. La closerie des Poiriers ressemble à toutes les closeries, mais le chemin d'accès est plus fangeux peut-être que les autres. En dépit des échaliers, des talus et des ajoncs, il faut se résigner à escalader ces barrières si l'on ne veut prendre un bain de boue, une boue noire, tirant sur le vert, dont il semble que le Bas-Maine ait le secret. D'échalier en échalier, on atteint la closerie, précédée d'une mare pleine d'un liquide vert où les têtards se chauffent au soleil, pendant que les canards, couchés sur le bord, semblent hésiter à souiller leur plumage. Une barrière à demi-ouverte, derrière laquelle un porc grogne. C'est l'entrée de la closerie des Poiriers, berceau et repaire de la famille Cottereau, c'est-à-dire des chouans.

Au moment de pousser la barrière et d'entrer, je me demande si je vais voir un Blanc ou un Bleu. Faut-il se présenter en pèlerin ou en simple curieux ? Heureusement, passe un cultivateur menant un de ces chevaux trapus mais *vites* que la Mayenne élève pour l'artillerie. Je l'interroge.

— C'est bien ici que demeurait Jean Chouan ?

— Oui, Monsieur, c'est là qu'il habitait, le brigand.

Je suis fixé sur mon interlocuteur.

— Et à qui la maison, maintenant ?

— A un bon, c'est un Bleu, X... En voilà un qui n'aime pas les Blancs !

Je puis donc entrer et décliner ma qualité. Le propriétaire actuel de la closerie est en train de préparer les pommes de terre pour la plantation. Je lui demande à visiter la maison historique. Elle ressemble à toutes les demeures des paysans de la Mayenne : deux pièces. Les meubles reposant sur de la terre battue, des meubles en poirier verni d'une propreté méticuleuse. Une closerie quelconque sans rien de suggestif. Cependant, c'est dans cette chambre que vint mourir René, le dernier survivant de la tragique famille Cottereau.

Il est acquis aujourd'hui que ce nom de Chouan donné aux insurgés du Bas-Maine a appartenu à cette famille Cottereau bien avant la Révolution. Ceux qui ont voulu y voir un sobriquet dû à ce que les partisans s'appelaient en imitant le cri du *chat-huant* ont cherché une étymologie facile. En réalité, ce surnom avait été donné à Pierre Cottereau, père des trois chefs de la chouannerie, à cause de son caractère sombre et concentré. On a trouvé l'acte de naissance du plus célèbre des trois : « Jean Cottereau, fils de Pierre Cottereau, dit *Jean Chouan*, bûcheron, et de Jeanne Mayne, son épouse, né le 30 octobre 1767, en la paroisse de Saint-Berthevin, près Laval. »

Deux sœurs des Chouans furent guillotinées ; leur mère suivait ses fils dans la guerre de Vendée, elle fut écrasée sous une voiture pendant la déroute du Mans. Pierre Cottereau, sorte de fou mystique, pris à Laval, y mourut sur l'échafaud.

Quant à *Jean Chouan*, dont les historiens royalistes ont fait un martyr et un héros, il périt obscurément dans une rencontre avec les forgerons de Port-Brillet, une balle l'atteignit, brisa la tabatière dont il ne se séparait jamais et on fit pénétrer les morceaux dans son corps. Ses compagnons l'enterrèrent secrètement à la Place-Royale, un des fourrés les plus sombres du bois de Misdon, le 28 juillet 1794.

Le lieu exact de la sépulture n'a pas été retrouvé. Pour dérober le corps de leur chef, les chouans firent ce qu'il leur avait appris pour se terrer eux-mêmes, quand le bois était fouillé. On fit une *cache*; la terre recueillie dans la fosse fut jetée dans un étang pour qu'on ne s'aperçût pas de la fouille. Le corps recouvert d'un peu de terre, la fosse fut dissimulée sous le gazon et la mousse. Ces *caches* où les chouans menaient leur existence de taupe, ne sortant que pour aller attaquer les convois des Bleus, ou piller les fermes et les villages hostiles à la royauté, étaient masquées par des claies recouvertes de mousse. Deux points étaient remplis de ces caches, la Grand'Ville et la Place-Royale.

Après la pacification, René Cottereau se retira dans sa closerie des Poiriers et y reprit la vie de cultivateur. Ce « héros » des livres monarchistes avait été chanté par des poètes de plus de bonne volonté que de génie; pourtant il obtint à grand'peine de Louis XVIII une pension de 400 fr. Il mourut en 1846 à l'âge de quatre-vingt-trois ans.

C'était, dit un écrivain local qui l'a bien connu, un vieillard de haute taille sec et nerveux. Un poète chouan décrivit alors la closerie où mourut ce survivant de la « grande guerre » :

. . . . . . . . Une étroite maison
Que le chaume couvrait, que bordait un buisson,
Où séchaient tristement des hardes déchirées.
Sur le devant gisaient quelques tas de bourrées,
Une mare boueuse où grognaient deux pourceaux,
Et, dans tous les recoins, du fumier par monceaux.

Le tableau n'a guère changé.

Le nom de Cottereau est éteint. A Saint-Ouen-des-Toits, il y a cependant des arrière-petits-fils de René, mais ils portent un autre nom.

Le 26 février 1877, le *Temps* publiait les vers de Victor Hugo sur Jean Chouan, dans la *Légende des siècles*. Le poète s'adressant au partisan lui disait :

Et je pleure en chantant cet hymne tendre et sombre,
Moi, soldat de l'aurore, à toi, soldat de l'ombre !

A la suite de cette publication, le maître recevait une lettre ainsi conçue :

Illustre maître,

A vous, brave, merci !
Petit-fils de Jean Chouan, j'ai lu avec un immense

sentiment d'orgueil l'éloge que vous venez de faire du chef vénéré de ma famille.

Oui, comme toujours vous avez raison, ce fut un héros, mais, hélas ! de l'ombre. Ses enfants ont pris leur place au soleil en acceptant les *immortelles* vérités de 89, et en s'abritant sous les plis du drapeau de la liberté. Mais ils ont conservé pour leur aïeul le respect et l'admiration que l'on doit au vrai courage.

Seul descendant direct de Jean Chouan, c'est un enfant de quinze ans qui vous envoie ce merci.

Recevez, cher et illustre maître, l'assurance de mon profond respect et de mon admiration pour le grand poète national.

GEORGES CHOUAN DE COTTEREAU,
Rue de Cléry, n° 100.

Cette lettre que Victor Hugo et ses condisciples prirent au sérieux devint le point de départ d'une polémique fort longue. Il en résulta que M. de Cottereau n'avait aucun droit à la particule et au nom de Chouan. Son père était un marchand de chevaux de Normandie nommé simplement Cottereau.

C'est une assez singulière idée de s'enorgueillir de ce nom. En somme, Jean Chouan était simplement un faux-saunier que la suppression de la gabelle priva de son gagne-pain. Du jour où l'impôt sur le sel était aboli, la contrebande ne rapportait plus rien. Et voilà comment Jean Chouan, de contrebandier devenu soldat et déserteur, redevenu contrebandier en lutte ouverte avec les agents du fisc, se jeta dans la contre-révolution. C'est à Saint-Ouen-des-Toits que, s'opposant au départ des conscrits, il souleva ces jeunes gens et commença la lutte. C'est sur la chaussée de l'étang de la Chaîne qu'il fit tomber le premier Bleu, un gendarme qui venait en reconnaissance.

A partir de ce moment, Jean devint le chef de tous les réfractaires, de tous les mécontents. Il ne semble pas qu'il ait eu affaire à des hommes bien ardents à la chasse aux Bleus. Le nom de *gas Mentoux* lui fut donné parce qu'il disait sans cesse : *) a pas de danger !* Ils avaient donc besoin d'être rassurés !

Le bois de Misdon n'est pas seul dans cette contrée à avoir abrité des insurgés. Sur l'autre rive de l'étang de Port-Brillet, la forêt de Pertre a servi de retraite au comte de Puisaye, qui tenta de donner à la chouannerie une direction politique et une force d'action plus grande. Mais cette tentative, toute politique, d'un gentilhomme ne put réussir; elle n'avait pas sa source dans un mouvement populaire, comme celle de Jean Cottereau, et Joseph de Puisaye était plus taillé pour l'intrigue et les rôles pompeux que pour diriger un mouvement de partisans. Dans le pays ses efforts n'ont laissé aucune trace. Cependant son mouvement contre-révolutionnaire fit croire aux princes à l'existence d'un grand mouvement populaire et aboutit au débarquement de Quiberon. Tout cela était trop savant pour le bon peuple du Maine. C'est pourquoi la forêt de Pertre, siège du gouvernement occulte de Puisaye, n'a pas le prestige sinistre de ce bois de Misdon où se terra Jean Chouan, et où il vint mourir comme un sanglier dans sa bauge.

## VII

### DANS LA MAYENNE

Mayenne. — Coutils et mouchoirs. — Suites désastreuses de la routine. — « Flers-Exportation. » — Fontaine-Daniel. — Mœurs mayennaises. — Le val de Mayenne. — Saint-Baudelle et ses fours à chaux. — La chaux cause de fortune, cause de ruine. — Les tombes. — Guerre au chaulage. — Un chef-d'œuvre de David d'Angers.

*Mayenne.*

Voici une des villes qui ont été le plus transformées pendant ce siècle. La Mayenne féodale, groupant ses maisons noires et serrées sur les deux rives d'une rivière rapide, coulant dans un lit de granit dominé par la masse sombre du château des ducs, a fait place à une ville nouvelle. La rivière a été canalisée, bordée de quais qui ont fait disparaître les vieilles maisons baignant dans l'eau teinte de rouille. La gare, bâtie sur une haute colline de la rive gauche, a donné naissance à un quartier nouveau, percé de larges boulevards. Une longue rue, franchissant la Mayenne sur un beau pont, gravit les hauteurs de la rive droite pour prendre fin devant une immense caserne, construite au lendemain de nos désastres. Des rues nouvelles trouent les vieux quartiers ; des squares, des avenues ont complété la transformation. Il n'est pas jusqu'aux vieux château qui n'ait été rajeuni. S'il est encore rébarbatif avec ses grilles sombres et sa porte basse de prison, ses tours ont été abaissées et leurs plates-formes transformées en jardinets. La cour est devenue un parterre avec un kiosque pour la musique ; un théâtre s'élève sur les débris de l'enceinte. Du haut des remparts, plantés de beaux arbres, on domine la Mayenne, toute frissonnante sur ses barrages, et le pittoresque amphithéâtre du quartier de la gare, entouré de verdure.

Quelques cheminées d'usines se dressent çà et là ; mais on est surpris de les voir si peu nombreuses.

Mayenne est, comme Laval, une ville industrielle considérable qui, avec Cholet, Flers et Condé-sur-Noireau, donne à l'Ouest une part importante dans le mouvement général des affaires. Mais, à ce point de vue, Mayenne ne s'est pas transformée comme tant d'autres villes. Si le tissage à la main a fait place au tissage mécanique, le nombre des maisons a décru, le chiffre total des ouvriers a été réduit. Il y avait 20 ou 25 maîtres tisseurs; on en trouve à peine une dizaine aujourd'hui. De même, la production s'est modifiée. Mayenne ne faisait jadis que des coutils. Il en produit beaucoup moins; le mouchoir de poche de coton a pris la place : il est pour trois quarts dans la production mayennaise. Les autres tissus, toiles et coutils, ne donnent guère plus de 25 p. 100.

Une seule usine fabrique au moyen de la vapeur; elle emploie 130 ouvriers; une seconde est consacrée aux apprêts. Tous les autres fabricants ont conservé les anciens usages; ils fournissent la chaîne à des paysans habitant la campagne et qui la transforment en tissu. Dans les usines mécaniques, les salaires sont peu élevés : de 2 fr. à 2 fr. 25 c. pour les métiers à coutils; 3 fr. pour les hommes, 2 fr. pour les femmes travaillant au mouchoir. Les enfants gagnent environ 60 centimes. Ces salaires paraissent faibles; ils ne donnent cependant lieu à aucune plainte. J'ai trouvé à Mayenne une population résignée, presque heureuse de son sort : dans tout ce pays, la vie est facile; l'ouvrier n'a ni les besoins ni les excitations des grands centres. Dans les campagnes, où le tisserand gagne à grand'peine 1 fr. 25 c. par jour, les ouvriers sont presque tous de petits propriétaires fonciers, ou tout au moins possesseurs de jardins. Néanmoins, il y a une diminution sensible dans le bien-être général. Le travail n'est pas aussi rémunérateur que par le passé, le tissage du mouchoir rapportant beaucoup moins que celui de l'étoffe pour pantalons.

Ce bas prix de la main-d'œuvre à Mayenne et dans sa banlieue fait espérer à la population que des industries nouvelles viendront se créer dans la vallée. Mais on cherche d'autres industries : la fabrication des coutils semble réservée à Laval, et cela par la faute même des ouvriers, qui n'ont pas voulu transformer leurs procédés et ont refusé de se conformer aux indications de la mode.

Alors la machine est intervenue, enlevant la plus grande partie du travail aux tisserands, le travail le mieux rémunéré surtout. Il leur reste à peine les articles à bas prix et le mouchoir de poche commun.

La leçon a porté ses fruits, mais trop tard. Aujourd'hui, l'ouvrier travaille mieux; malheureusement pour lui, l'industrie s'est portée à Laval et à Flers.

Cette décadence de l'industrie mayennaise ne s'est pas produite sans lutte. On assiste même, en ce moment, de la part de quelques maisons, à des efforts intéressants pour prendre pied au dehors et s'y créer des débouchés. On avait d'abord essayé de créer des relations directes avec l'étranger en demandant aux consuls des renseignements sur les maisons qui offraient de servir d'intermédiaires ou de représentants. Il fallut y renoncer : les consuls ne répondaient pas ; quand ils répondaient, c'était pour conseiller de s'adresser aux banquiers! Heureusement que Flers est un centre entreprenant. Sous la raison sociale *Flers-Exportation,* un grand nombre d'industriels du groupe se sont réunis pour installer dans nos colonies des comptoirs chargés de la vente de leurs produits. Saïgon, Alger et la côte occidentale d'Afrique ont vu créer les premiers ; d'autres suivront.

Il y a là une tentative intéressante sur laquelle les industriels paraissent faire fond. Certes, à Mayenne on n'espère plus voir remonter à cinquante le nombre des maisons qui ne fabriquaient, il est vrai, que des toiles légères à destination de l'Espagne ; mais on espère arriver à maintenir la fabrication des coutils et des mouchoirs à bon marché et à en implanter l'usage dans nos colonies.

Une des causes de décadence de l'industrie dans cette région est certainement sa situation à l'écart des grandes voies, loin des mines de houille et des ports. Les gisements d'anthracite des environs sont de trop peu d'importance et produisent un charbon de qualité médiocre. Les chemins de fer profitent de cette situation pour élever le prix de transport des charbons venus par Caen ou par Saint-Nazaire. Les tarifs sont d'autant plus élevés que, si la Mayenne — je l'ai déjà dit en parlant de Laval — est dans un excellent état de navigabilité, il n'en est pas de même de la Loire, dans laquelle elle débouche par la Maine et qui ne peut mener régulièrement les charbons sur les ports de la Mayenne. Il faut ajouter à ces causes la difficulté d'approvisionnement en matières premières, c'est-à-dire en filés de coton et en lins. Jadis, les lins se récoltaient dans le pays : Ernée était un marché considérable. Aujourd'hui, la culture est à peu près abandonnée, et le marché d'Ernée est mort. Quant aux filés de coton, on ne les produit plus que dans deux usines : celle de Bootz à Laval, l'autre aux environs de Mayenne, naturellement fort peu favorisées en regard des usines de Normandie, qui ont les ports de Rouen et du Havre.

Une des filatures, celle de Fontaine-Daniel, est dans un site charmant : une vieille abbaye dont le vaste étang offrait une force motrice puissante pour l'époque à laquelle l'usine fut créée. Cet étang dort entre de beaux groupes de rochers couverts de bois. L'usine occupe environ 1,000 broches : c'est le chiffre qu'on annonçait déjà il y a trente ans. Il n'y a donc pas eu d'augmentation ; cependant, la filature de Fontaine-Daniel s'est ouvert de nouveaux débouchés : elle alimente en partie Rouen, Villefranche et Paris.

La situation excentrique de l'établissement, loin du chemin de fer, est pour beaucoup dans les difficultés qu'il rencontre pour lutter contre la filature étrangère. Mais on ne se décourage pas à Fontaine-Daniel : on lutte, on peut y voir fonctionner les machines les plus récemment perfectionnées. C'est là, d'ailleurs, un fait que l'on peut constater partout. Nos industriels ont renoncé à la routine, tous les procédés nouveaux sont mis en application. Avant dix ans, le vieux matériel aura disparu dans la plupart des industries. Ceux qui voudront résister à cette loi seront emportés.

Le village formé autour de l'usine de Fontaine-Daniel est un groupe d'habitations ouvrières. Ce sont de hautes maisons, où les ouvriers sont logés pour un prix modique. M. Denis, le propriétaire de cette belle usine, avait espéré modifier les habitudes de la population. Dans toute la Mayenne, chez les cultivateurs comme chez les ouvriers, il n'y a qu'une chambre par famille. Le père, la mère, les enfants vivent ensemble dans la pièce, qui sert en même temps de cuisine. Pour faire cesser cette promiscuité aussi dangereuse pour la santé que pour la morale, on a voulu donner deux chambres à chaque famille. Mais on a rencontré une hostilité profonde. Là même où l'ouvrier paraît avoir accepté cette réforme, le père enferme souvent tous les siens dans sa chambre. Il y a des traditions qu'il est difficile de rompre.

Par contre, ces mœurs patriarcales n'empêchent pas l'amour du bien-être et même du luxe de pénétrer dans ces populations. Une grande plaie pour la Mayenne, c'est le privilège des bouilleurs de cru. Il est peu de familles, surtout chez les paysans, où l'on ne transforme le cidre en eau-de-vie destinée à être consommée en grandes lampées par tous les membres de la famille. Cet abus de l'eau-de-vie fait de grands ravages et soulève des craintes dont j'ai partout rencontré l'écho. En même temps, l'antique simplicité du pays s'en va : les habits de toile ou grossièrement mélangés de laine font place au vêtement confectionné ; chez les jeunes filles, les modes de la ville font des victimes. Aussi y a-t-il une crise réelle. On dépense davantage, on consomme de l'eau-de-vie ; c'est le propriétaire qui en pâtit :

les loyers et fermages rentrent difficilement. Jadis, on ne mangeait pas de viande; elle entre aujourd'hui dans l'alimentation. Il y a quarante ans, à Fontaine-Daniel, on citait comme une exception l'ouvrier qui buvait du cidre; tous en ont aujourd'hui.

Bien que les salaires n'aient pas suivi une ascension comparable à celle des nouveaux besoins, il ne semble pas que l'ouvrier cherche à en augmenter le taux. A Fontaine-Daniel, où les machines nouvelles ont d'ailleurs rencontré de l'hostilité, tous les efforts pour obtenir une somme de travail plus grande, se traduisant par des gains plus élevés, ont été vains. C'est la même raison qui avait poussé les tisserands de coutil à se refuser à modifier leurs méthodes pour se conformer à la mode et qui a fait sombrer tant d'établissements.

Pour revenir de Fontaine-Daniel à Mayenne, j'ai gagné la vallée par Contest et Saint-Baudelle. Ces rives de la Mayenne sont vraiment fort belles. La vallée est étroite; souvent le ruban clair des eaux baigne la base de hautes roches rougeâtres, d'un superbe effet dans l'intense verdure des chênes. Les digitales et les genêts relèvent par l'éclat de leurs couleurs la tonalité un peu sombre du paysage. A Moulay, au confluent de l'Aron, un promontoire superbe porte les restes d'un camp romain qui devait défendre le passage de la rivière, à l'endroit où la traversait la voie de Jublains à Rennes.

A Saint-Baudelle, près du pont, d'énormes fours à chaux se dressent, au-dessus d'un quai sans cesse accosté de bateaux apportant du charbon ou des pierres, bordé de voies ferrées conduisant aux parcs à charbon où s'entassent les anthracites des environs de Laval et les houilles anglaises. Contre le four, d'immenses hangars s'alignent; ces hangars sont destinés à abriter les chevaux qui, à certaines époques, viennent chercher la chaux pour les cultures.

La chaux, voilà la cause de la fortune de ce pays; elle menace d'en devenir la ruine. Dès que la Mayenne a été rendue navigable, dès que le chemin de fer a pénétré dans le pays, on a tenté de répandre l'usage de l'élément calcaire. Dans ce pays granitique, où le sol donnait à grand'peine du seigle et du blé noir, le chaulage a produit des résultats extraordinaires : les terres, où les matières organiques abondaient — on a calculé qu'elles en possédaient 25 p. 100 — mais restaient inertes, se sont soudain couvertes de moissons et de prairies artificielles, dès que les matières organiques, excitées par la chaux, sont devenues assimilables. Ces populations, si réfractaires aux innovations, se sont « emballées » (c'est le mot) pour le chaulage. Ne comprenant pas l'action de l'élément calcaire, les cultivateurs se sont imaginé que c'était un engrais : ils l'ont alors mêlé au fumier. Faisant, dans les champs, des fosses longues et profondes, appelées tombes, ils les ont remplies de couches successives de fumier de ferme et de chaux, sans se rendre compte qu'ils détruisaient les principes fertilisants contenus dans leurs engrais. Tant que les matières organiques ont été en quantité dans le sol, on ne s'est pas aperçu de la folie que l'on commettait.

Mais le moment vint où le sol était saturé de chaux — on en mit, tous les trois ans, 32 hectolitres à l'hectare, vingt fois plus qu'il ne fallait, — où il aurait été nécessaire de lui donner des engrais azotés. Il y eut diminution dans les rendements. Loin d'écouter les avis du professeur d'agriculture, on augmenta la quantité de chaux dans les tombes. Parfois, la chaleur développée par ces amas de matières organiques et de chaux est telle que le feu apparaît sous la couche de terre recouvrant les tombes.

La crise agricole eut pour résultat de restreindre l'emploi de la chaux, au grand chagrin des chaufourniers, qui sont légion dans le pays de

Laval. Mais, les blés se vendant mieux, le bétail ayant acquis une valeur plus grande, on recommença à faire des tombes. Cette erreur agronomique cause de légitimes appréhensions aux cultivateurs sagaces, qui voudraient que l'emploi des tombes se bornât au traitement des curures de fossés et des terres retirées des clôtures. Mais ils ont affaire à forte partie. Les chaufourniers sont nombreux et puissants : la plupart sont de grands propriétaires, des maires, et il n'est pas bon de combattre le chaulage !

Cependant, il y a là une situation dangereuse; il serait temps d'enrayer cette mode funeste. Le paysan de la Mayenne ne doit pas être difficile à convaincre : une population qui a si profondément transformé ses terres par l'emploi de la chaux, qui a mis en culture des landes incultes, ne saurait être considérée comme fermée aux idées de progrès. Il faudrait donc l'amener à renoncer à des procédés dangereux, à employer les engrais chimiques, à utiliser ses fumiers au lieu de les brûler. Malgré l'hostilité des maîtres de carrières et de fours à chaux, on peut atteindre ce but : il suffirait pour cela que le professeur d'agriculture pût enseigner de saines méthodes et qu'il fût soutenu par tous ceux qui détiennent une partie de l'autorité administrative. La campagne serait longue et pénible ; le préfet passerait de mauvaises heures ; mais on aurait empêché la ruine d'un pays riche et fertile, dont toute la prospérité repose sur l'agriculture.

Au delà de Saint-Baudelle, la vallée de la Mayenne n'est pas moins pittoresque qu'en aval, mais elle est des plus riantes. Le chemin de halage longe de petites prairies dominées par des collines boisées, au-dessus des villas, des vergers, toute la gaieté des abords de la ville. Bientôt Mayenne apparaît, les vieilles tours de son château semblant barrer le passage ; l'eau de la rivière écume sur les barrages.

On peut remonter dans les quartiers hauts par une ruelle longeant les échoppes creusées dans les remparts et gagner les abords de l'hôtel de ville, édifice municipal bien humble, mais près duquel est un des chefs-d'œuvre de David d'Angers : la statue du cardinal de Cheverus. De toutes les statues du grand artiste, celle-là est peut-être la plus vivante : non seulement la douce et fine physionomie du prélat est rendue avec une vie intense, mais le vêtement lui-même, cette soutane qui masque le corps, donne l'impression d'une chose animée.

L'image du bon cardinal se dresse sur une petite place plantée d'arbres, une de ces places tranquilles des petites villes de province, non loin de l'église Saint-Martin, dont M. de Cheverus fut curé avant la Révolution. Le nom de l'illustre prélat est resté populaire à Mayenne comme à Bordeaux, où il mourut après son long apostolat en Amérique.

# VIII

## L'AGRICULTURE DANS LE BAS-MAINE

La vallée de l'Ernée. — Ernée. — La culture du lin. — Ambrières. — Une noce mancelle. — Lassay et son château. — Un figurant du grand siècle. — Bois-Thibault et Bois-Frou. — Le commerce du bétail. — Les comices et la politique.

### Ernée.

Au delà de la Mayenne, le chemin de fer de Mayenne à Fougères gravit les pentes du haut plateau où la forêt de Mayenne étend, pendant plus de trois lieues, ses vertes futaies. C'est au delà de Châtillon-sur-Colmont, si pittoresquement campé sur un mamelon arrondi, vers Saint-Denis-de-Gastines, que Paris va chercher une grande partie du pavé de ses rues. Le plateau est assez triste ; les horizons seraient beaux cependant sans la monotone étendue des chênes qui bordent les champs.

Beaucoup de prairies, arrosées par les innombrables ruisseaux qui se creusent des vallons dans le plateau. Un de ces vallons, suivi par le chemin de fer, conduit dans la vallée de l'Ernée, à deux kilomètres de la ville de ce nom, bâtie sur une colline à demi entourée par les eaux de la rivière. La vallée est profonde ; les plantations d'un beau parc, sapins et autres arbres verts, épars en bosquets dans les pelouses, lui donnent un riant caractère. La route monte jusqu'au cœur même de la ville, où deux rues, en croix, larges, bordées de belles maisons, donnent à la cité un aspect de ville importante. Ernée, en d'autres temps, aurait été florissante. Napoléon en avait fait un des points de croisement des routes stratégiques qui traversaient le pays agité par l'insurrection vendéenne. Elle était donc devenue un centre. C'est encore un lieu de réunion pour les populations voisines ; mais les routes ne sont plus parcourues : le chemin de fer a porté la vie dans des villes plus populeuses ou mieux situées. La ligne qui dessert Ernée passe trop loin, au pied de la montagne, elle est trop réduite au rôle de voie d'intérêt local pour exercer beaucoup d'influence sur la prospérité de la ville. Enfin, il y avait une culture importante : le lin. Ernée était un marché très considérable pour ce textile ; de grosses maisons d'achat et de commission s'y étaient créées. Aujourd'hui, cette culture est nulle : en 1886, l'étendue des cultures en lin, pour toute la Mayenne, atteignait seulement 80 hectares ; elle ne dépassait pas 885 dans l'Ille-et-Vilaine. Depuis lors, ces cultures ont encore décru, l'industrie linière ayant disparu et Cholet ayant avantage à s'approvisionner dans le Nord ou en Irlande.

Toute cette partie de la Mayenne a donc remplacé les cultures industrielles par les céréales et les prairies. A peine, de temps à autre, en me rendant d'Ernée à Ambrières par la vallée du Colmont, ai-je rencontré d'étroits lopins fleuris d'azur : partout des blés, des prés, des vergers et des champs de pomme de terre. Le lin a presque complètement disparu.

Cette petite ville d'Ambrières, perchée au sommet d'une colline abrupte dont la Varenne baigne le pied, est bien pittoresque. Sa rivière, aussi large que la Mayenne, dans laquelle elle se jette un peu plus loin, coule au fond d'une gorge verdoyante, dominée par de belles ruines. Le pays est couvert de vieux châteaux; ce fut jadis une marche entre la Normandie et le Maine, et son importance stratégique dans la vaste courbe de la Mayenne doit être grande. Pays encore un peu sauvage, où les rochers et les landes le disputent aux terres cultivées, où les cours d'eau coulent au fond de ravins semblables à d'énormes fossés. Aussi la population a-t-elle conservé quelques mœurs du passé. A Chantrigné, dans un décor d'opéra comique : maisons de granit gris avec des cordons blancs de mortier séparant les assises, pampres verts encadrant la porte, j'ai rencontré le ménétrier classique, conduisant une noce ; un ménétrier en chapeau haut de forme et redingote, mais tout enrubanné, lui et son violon. La redingote a remplacé les costumes d'antan ; seules, les femmes tiennent encore pour les vieux usages. De bonnes vieilles ont des bonnets à ruches, des fichus de couleurs éclatantes. Là encore, les garçons d'honneur jettent à pleines mains des dragées aux enfants.

Au delà, à Lassay, petite ville encore plus tranquille qu'Ernée, se trouve un des plus vieux et des plus curieux châteaux du Maine. Il se dresse sur une roche sombre, au-dessus d'un vallon dans lequel se déversent, par une cascade bruyante, les eaux d'un étang envahi par les joncs et les roseaux. C'est une énorme masse de maçonnerie flanquée de cinq hautes tours rondes. L'aspect de ces tours est sinistre : on dirait un château d'Anne Radcliffe, avec les vieux arbres aux racines déchaussées croissant dans le roc. Peu de châteaux du moyen âge présentent un aussi saisissant caractère. Ce château, encore habité aujourd'hui, a appartenu à ce marquis de Lassay que Sainte-Beuve — il lui a consacré une fine étude — a appelé un *figurant du grand siècle*. Dans une lettre que le marquis adressait à sa future femme, M^lle de Châteaubriand, fille légitimée du grand Condé, il décrivait ainsi le manoir dont il portait le nom : « Je suis ici dans un château au milieu des bois qui est si vieux qu'on dit dans le pays que ce sont les fées qui l'ont bâti. Le jour, je me promène sous des hêtres pareils à ceux que Saint-Amand dépeint dans sa *Solitude*, et, depuis six heures du soir, que la nuit vient, jusqu'à minuit, où je me couche, je suis tout seul dans une grosse tour, à plus de deux cents pas d'aucune créature vivante. Je crois que vous aurez peur des esprits en lisant seulement cette peinture de la vie que je mène. »

Écrite sous le grand roi, cette lettre montre chez le marquis de Lassay un sens du pittoresque tel que nous le comprenons aujourd'hui, et bien rare alors.

Ce site de Lassay prête d'ailleurs à la légende; il est difficile de ne pas en être frappé. Tout autour, d'autres ruines complètent le décor. C'est Bois-Thibault, dont les tours, découronnées et lézardées, présentent encore de délicates ornementations de la Renaissance. En face, au delà d'un de ces admirables bois de hêtres dont parle le marquis, couvrant de leurs troncs lisses et de leur verdure tendre la pente rapide d'un coteau, c'est Bois-Froux, autre ruine. Il reste peu de chose de l'époque féodale : des débris de tours et de remparts ; mais une belle porte est encore debout, une porte à arc roman en appareil bosselé alternant avec d'étroites assises, des pilastres toscans d'une noble ordonnance. Une porte plus petite est accolée à la première ; la voûte est en appareil vermiculé. Chose étrange, cet édifice, qui semble avoir été conçu tout d'une pièce par quelque architecte romain du XVIIe siècle, se marie à merveille aux tours rébarbatives qui l'avoisinent.

Ces ruines ignorées sont loin du village de Niort, qui offre, par ses cultures, un heureux contraste avec le reste du pays. La nature y est plantureuse ; peut-être cette impression est-elle due à ce qu'il y a moins d'échaliers et de talus que dans le reste du Maine. Mais on devine que les méthodes nouvelles sont encore bien peu connues ou les paysans méfiants à leur égard. Toute cette région du nord de la Mayenne, c'est-à-dire les arrondissements de Mayenne et de Laval, a, du reste, une cause d'infériorité dans l'indifférence des propriétaires. Aucun de ceux-ci n'a jamais voulu encourager ou aider son fermier dans la culture des plantes industrielles. Celle-ci ne saurait cependant être entreprise sans le concours des propriétaires, le sarclage et le binage nécessitant une main-d'œuvre coûteuse, que le fermier et le métayer ne sauraient avancer. Aussi tous les efforts des industriels agricoles se sont-ils heurtés à une inertie extrême. Un fabricant de sucre avait songé à créer une fabrique ; il voulut s'assurer d'un approvisionnement de betteraves : il ne put jamais trouver chez les cultivateurs l'engagement de consacrer 50 hectares à cette culture. Le même insuccès a accueilli des tentatives nouvelles.

Une des causes de cette inertie, dans l'arrondissement de Mayenne, est la grande quantité de petits propriétaires possédant de 2 à 5 hectares et se livrant au commerce du bétail. Pour eux, l'agriculture n'est qu'un accessoire ; ils sont, avant tout, des marchands. Ils achètent de jeunes génisses, les font saillir et les revendent comme vaches laitières. Il ne faudrait pas conclure de ce fait que le bétail soit florissant dans la Mayenne. Les animaux sont fort mal nourris en hiver ; ils manquent de fourrage et arrivent au printemps dans un état de maigreur excessive. Il y a, de ce côté, bien des progrès à réaliser.

Tout cela changerait vite si les propriétaires, c'est-à-dire la bourgeoisie des villes, étaient mieux inspirés et consentaient à s'occuper sérieusement de leurs terres. Mais, là surtout, on se trouve en présence d'une force d'inertie inouïe. Ainsi, aucun n'a voulu faire exploiter ou gérer ses biens par des élèves de nos écoles d'agriculture. La gestion est confiée à des experts, résidant dans les villes, qui ne visitent jamais les domaines et servent uniquement d'intermédiaires entre le propriétaire et le fermier ou métayer. Ils touchent 5 p. 100 sur toutes les ventes et une prime égale sur les achats, sans avoir d'autre peine qu'une comptabilité simple et primitive. C'est là un prélèvement énorme sur le produit du sol : aussi ne faut-il pas s'étonner si, alors que propriétaires et fermiers se plaignent à l'envi, on cite des experts qui ont aujourd'hui 40,000 livres de rentes !

Une autre cause à cette situation arriérée est l'état d'esprit du paysan. Par bien des côtés, il n'a pas encore franchi 1789. Pour lui, le propriétaire est le maître, comme l'était le seigneur. On n'entendra jamais le fermier, même riche, dire autrement que « not' maît' ».

Un propriétaire m'a fourni à cet égard des renseignements curieux. Il me racontait que plus d'une fois il s'était mis en colère, disant à son fermier :

— Appelle-moi « monsieur ». Je ne suis pas ton maître : je suis un homme comme toi.

Jamais le fermier n'a pu admettre cette idée.

Ajoutez que le paysan de la Mayenne a horreur

de l'immixtion étrangère. Ces clôtures menaçantes dont j'ai parlé souvent sont un symbole : chacun se clôt jalousement, repoussant tout ce qui peut le rapprocher du voisin. De là ces affreux chemins en fondrière. Jamais on n'a pu décider les habitants d'une commune à s'entendre pour régulariser les chemins ruraux. Non qu'on méconnaisse qu'il y aurait utilité à posséder des voies fermes et sèches, mais on craint d'avantager un voisin. « Un tel tirera plus de bénéfice que moi de cette amélioration », dit le paysan. Et la jalousie suffit à l'arrêter, s'il était disposé à entrer dans la voie d'un entretien des chemins d'accès.

De même pour le grand fléau de l'agriculture : le hanneton. Dans aucune région de la France, on ne trouve cet insecte en telle abondance. J'ai vu des taillis de chênes et même de grands arbres absolument couverts de ces rongeurs ; au sommet du Rochard, les mélèzes eux-mêmes voyaient disparaître leurs branches sous les guirlandes de ces coléoptères. Nul ne songe à les détruire. Et cependant, bon an, mal an, le ver blanc détruit un tiers ou un sixième des récoltes. Dans le canton de Gorron, on leur fait la chasse avec ardeur et avec succès, mais les voisins laissent pulluler les hannetons et c'est toujours à recommencer.

Les comices agricoles qui se sont créés dans la plupart des cantons auront à la longue une influence heureuse en répandant parmi les cultivateurs des idées plus saines et moins étroites.

Parmi ces comices, deux rendent des services très réels : ceux de Craon et de Château-Gontier.

Mais le grand élément d'action est certainement le syndicat des agriculteurs. Il ne compte encore que 1,200 membres ; ce sont 1,200 cultivateurs amis du progrès. Soit par eux-mêmes, soit par leur exemple, la Mayenne emploie aujourd'hui 4 millions de kilogrammes d'engrais chimiques de toute nature. Le mouvement ne fait que s'accroître ; mais il serait bien plus considérable encore sans la frénésie avec laquelle on emploie la chaux. L'argent dont le cultivateur peut disposer pour améliorer ses terres passe en amendement calcaire.

Une large part de ces résultats est due aux champs d'expériences et de démonstrations créés sur divers points du département. Grâce au dévouement et au zèle des professeurs d'agriculture, ces expériences ont été entreprises avec une ampleur bien rare. C'est ainsi que, dans le but de rendre plus fructueuse la culture de l'orge, on a créé huit champs de démonstrations pour faire connaître les variétés les meilleures. C'est là une culture considérable, la Mayenne étant le plus grand producteur d'orge de la France : elle en donne, chaque année, 960,000 hectolitres, alors que le département venant après elle en donne 800,000 hectolitres seulement et que la moyenne des départements français n'atteint que 220,000 hectolitres. Malheureusement, ces champs sont mal répartis; les comices agricoles n'ayant pas de ressources suffisantes, ne peuvent tous en créer. Il faut compter sur la bonne volonté des propriétaires. Le plus souvent, cette bonne volonté fait défaut dans les cantons mêmes où l'exemple serait utile. Quelques cantons, comme Meslay et Ambrières, possèdent quatre ou cinq champs, alors que nombre d'autres n'en ont aucun.

Les expériences vont trop souvent à l'encontre du but poursuivi, à cause de l'entêtement à employer la chaux. Ainsi, dans le canton d'Évron, un expérimentateur employait à la fois le fumier et les engrais chimiques ; mais il *brûlait* son fumier en le mêlant à la chaux et accusait ensuite le nitrate de soude et le superphosphate du peu de résultats obtenus.

Une des expériences est particulièrement intéressante. Elle est due à l'instituteur de Javron. Celui-ci, propriétaire de prairies dans sa commune, les a transformées en prés de démonstration pour ses élèves. Voilà le vrai champ d'expériences, le champ utile, celui qui, en mettant les enfants en contact incessant avec la démonstration, frappera ces jeunes esprits et les prédisposera à des progrès auxquels les pères sont réfractaires.

# IX

## AIGUILLES ET ÉPINGLES

A la Trappe de Soligni. — Les souvenirs de l'abbé de Rancé. — Antithèses monastiques. — Les mines du Perche. — La géographie économique. — Laigle. — Une industrie évanouie. — Les quarante façons de l'aiguille. — Saint Éloi supplanté par saint Crépin.

Soligni-la-Trappe.

Les Jansénistes — il en reste, dit-on, — seraient fort déçus si, au lieu de se confiner dans un culte tout spéculatif, ils imaginaient de refaire le pèlerinage aux lieux qui virent se préparer leur croyance. Je suis venu ici *Port-Royal* à la main, revivant avec Sainte-Beuve l'existence de Rancé et des trappistes pliés à sa règle. Hélas! tout a changé, non seulement les choses, ce que deux siècles expliquent assez, mais l'âme même des choses. Si l'on ne songe pas à se plaindre qu'un chemin bien entretenu relie l'abbaye à une gare de chemin de fer, si la disparition de l'étang mélancolique dans lequel se miraient les murailles de la Trappe et les arbres des sombres forêts du Perche se pardonne, puisqu'il a donné aux abords de l'abbaye une parure nouvelle, on a dès l'abord une déception. Une statue de fonte de fer se dresse sur un socle, devant la porte d'entrée ; elle représente, paraît-il, le Sacré-Cœur. Le Sacré-Cœur, cet emblème à demi païen, devant la demeure de Rancé, voilà qui peut passer pour une profanation !

L'abbaye elle-même n'est plus ce qu'elle fut. Elle a été détruite après la Révolution et reconstruite plus tard par les trappistes dans un goût purement utilitaire ; ces vastes bâtisses n'ont rien de pieux : elles participent à la fois de l'usine et de la ferme. C'est bien l'une et l'autre. Les Pères font de l'agriculture, ils ont même une colonie d'enfants détenus, ils fabriquent du chocolat. Du chocolat à la Trappe, avec marque de fabrique déposée, réclame et comptabilité, décidément, nous sommes loin de la période héroïque.

Il y a bien, à la Trappe, un portrait de Rancé et son tombeau. J'ai craint une déception nouvelle et ne suis point entré. J'ai préféré traverser l'Iton, encore petit ruisseau, et entrer dans les forêts de la Trappe et du Perche ; elles gardent des coins de solitude inviolée ; ici, au moins, dans ces gorges profondes, sous ces hêtres et ces chênes plusieurs fois centenaires, on retrouve la

Trappe de ce temps, qui est presque la légende, où tant d'âmes inquiètes sont venues demander secours et consolations au grand pénitent.

Je suis rentré au village sous une tempête furieuse, des nuages bas rasaient les collines et masquaient peu à peu les forêts. Alors le site prenait un caractère d'une sauvagerie profonde. Les Pères, surpris par l'orage, rentraient des champs tête nue, avec une lenteur singulière, presque hiératique. J'ai revu, comme dans une vision, le désert des Saints qui reposent sous les décombres de l'ancienne abbaye. Maintenant le songe a disparu, le soleil éclaire une aimable ceinture de collines, un nuage de fumée passe au pied du mamelon où se dresse Soligni, c'est la locomotive transformant chaque jour ce qui reste de la sauvage contrée du Perche.

Les chemins de fer sont nombreux dans ce pays; Laigle, Sainte-Gauburge, Argentan, sont des points de jonction considérables. Mais, chose singulière, l'industrie décroît à mesure que les voies de communication sont plus nombreuses. Seule la production chevaline persiste et s'accroît, c'est toujours le Perche aux bons chevaux, mais les toiles et les dentelles qui firent la richesse du duché d'Alençon sont tombées. La fonte au bois, qui depuis le temps des Romains avait, dans ce pays de minières et de grandes forêts, tant d'établissements, est maintenant abandonnée. Avec elle sont partis ces petits ateliers de tréfilerie, de clouterie, ces fabriques d'aiguilles et d'épingles qui faisaient de la vallée de la Risle une rue d'usines, une véritable ruche ouvrière. Et cependant on aurait pu lutter ; ce fait que des Anglais sont venus chercher les scories des anciennes exploitations de l'époque romaine et de la monarchie, prouve que l'on pouvait encore espérer une ère de prospérité. Mais cette contrée, si favorisée cependant par le nombre des cours d'eau, n'a aucune rivière navigable ; les charbons ne peuvent venir à assez bas prix et les industriels ont manqué d'esprit d'entreprise. Trois industries seulement ont tenu bon : les fabriques d'objets en cuivre, notamment de culots de cartouches de Rugles, la fabrique d'aiguilles et d'épingles de Saint-Sulpice et l'usine d'Aube pour le laminage et la tréfilerie du cuivre.

Et, à ce propos, il semble qu'une révision de la géographie économique de la France s'impose. A se traîner dans les vieux errements, nos géographes universitaires induisent en erreur les jeunes générations. Les notices économiques des manuels géographiques sont forcément brèves, elles ont des allures lapidaires qui se gravent faci lement dans les jeunes cerveaux. Ainsi pour ce pays du Perche, toutes les données de ce genre sur les villes sont radicalement fausses : Laigle, présentée comme une ville manufacturière, n'en a plus l'aspect. Ses ateliers d'aiguilles sont fermés, la plupart ont été rachetés par un industriel plus avisé qui a centralisé les affaires à Saint-Sulpice-sur-Rille. La clouterie et la ferronnerie, nécessitant un outillage moins compliqué, ont mieux résisté ; il y a encore dans les campagnes beaucoup de ces petits ateliers où des ouvriers en chambre travaillent pour le compte de commissionnaires de Laigle.

Aussi pour le visiteur de cette petite ville, la surprise est grande. Il s'attendait à trouver une ruche ouvrière, il rencontre une cité très propre, à laquelle les nombreux bras de la rivière donnent un pittoresque caractère. Son église principale, Saint-Martin, est un bijou par l'ornementation exquise de sa tour. Mais rien dans tout cela qui trahisse l'atelier. Cependant, quatre fois par jour, un mouvement se produit : des femmes et des jeunes filles affluent vers une grande bâtisse, c'est une fabrique de corsets. Trois ou quatre cents ouvrières sont occupées de la sorte, chez elles ou dans les ateliers. C'est là une des causes des embarras de l'industrie aiguillière ; les femmes ont préféré le travail du corset, plus agréable, que l'on peut faire chez soi, à l'internement dans une usine bruyante. Aussi a-t-on eu de la peine à conserver le personnel féminin nécessaire. M. Bohain, le grand industriel dont on voit les établissements dominés par un élégant château, à trois kilomètres avant Laigle, a dû créer un ouvroir pour les enfants du pays afin d'obtenir les ouvrières indispensables.

Quant aux hommes, ils ont également trouvé une occupation nouvelle. Des maisons de chaussures, voyant là une main-d'œuvre inoccupée par suite de la chute successive des usines, sont venues s'installer; aujourd'hui ces deux industries, la chaussure et le corset, ont supplanté, dans la ville de Laigle, celles qui firent si longtemps sa réputation.

L'industrie des aiguilles et des épingles a eu son époque de splendeur. Elle est née depuis fort longtemps dans cette région où l'excellence des fers avait amené les tréfileries; où la présence d'ouvriers spéciaux et de chutes d'eau, le voisinage de l'Angleterre productrice de cuivres avaient fait naître la préparation des cuivres et des laitons. Au début, et jusqu'en ces dernières années, ce fut l'épingle surtout — cette épingle à tête en spirale, qui tend à disparaître, — une véritable industrie de famille. L'ouvrier emportait le fil de laiton chez lui, l'appointait, y plaçait la tête, et rapportait l'épingle chez le fabricant; celui-ci faisait subir la toilette finale. L'aiguille elle-même se faisait presque entièrement à la main; les parties de sa fabrication pouvant se faire en grandes quantités sont restées les mêmes, on n'a rien eu à perfectionner. C'est ainsi que le redressage des tiges d'acier destinées à devenir des aiguilles se fait encore par un système bien curieux. On en remplit deux anneaux d'acier, ils sont portés au feu et rougis avec les tiges qu'ils emprisonnent; une étroite plaque d'acier creusée de deux rainures s'emboîtant dans les anneaux est promenée sur une table de fer, les anneaux tournent, les aiguilles avec; par le frottement entre elles contre les parois de la plaque et de l'anneau, elles deviennent droites, à tel point qu'elles occupent à peine la moitié de la place primitive.

De même pour le polissage des aiguilles, on n'a rien trouvé de mieux encore que les sacs de peaux remplis d'huile et d'émeri, dans lesquels elles sont enfermées, puis pendant dix ou douze jours soumises, sur une machine de primitif aspect, a des heurts saccadés qui leur donnent l'admirable poli que possèdent les aiguilles achevées.

Mais pour le reste, la transformation est complète. M. Paul Bohain, a, sous ce rapport, accompli des merveilles. Après avoir fait son apprentissage en Allemagne et en Angleterre, où l'industrie aiguillière est florissante, il est revenu prendre la direction de ses usines de Laigle et, mettant à profit son expérience, a créé de toutes pièces un outillage nouveau. Ces machines qui perforent la tête de l'aiguille, celles qui en font la pointe sont son œuvre; on est confondu en voyant tout ce qu'il a fallu de génie mécanique pour arriver à remplacer la main de l'ouvrier là où elle semble indispensable.

Au prix de ces efforts seulement, on est parvenu à maintenir à Laigle ce reste de l'industrie. L'usine de M. Bohain a sans doute dépassé la production des anciens établissements.

Mais la concurrence allemande n'en est pas moins redoutable; elle compense son infériorité mécanique actuelle par le bas prix de la main-d'œuvre. Iserlohn, près d'Aix-la-Chapelle, ne compte pas moins de 10,000 ouvriers aiguilleurs. En Angleterre, la ville de Redditch compte 15,000 habitants, tous employés au travail de l'aiguille, mais là c'est un travail à domicile. Ces deux groupes allemands et anglais envoient en France 90,000 kilogr. d'aiguilles à coudre, soit, pour

12,000 au kilogr., un total de plus d'un milliard. Si ce milliard se faisait chez nous, me disait un industriel, les cinq fabriques disparues renaîtraient.

Les conditions de fabrication sont, d'ailleurs, défavorables chez nous. Iserlohn paie le charbon 10 fr. la tonne, qui revient à 30 fr. à Laigle ; la main-d'œuvre est en Allemagne de 30 à 40 p. 100 moins élevée ; le fil d'acier, le papier pour le pliage, l'impression des étiquettes, coûtent 50 p. 100 de plus à Laigle. On comprend de quelles difficultés on a dû triompher. L'aiguille, il est bon de le dire à ceux qui n'ont pas le temps de lire sa fabrication dans une encyclopédie, ne demande pas moins de quarante façons, c'est-à-dire qu'elle passe dans quarante mains avant d'être livrée au marchand. Un écart d'un centime par façon suffit donc à majorer le prix et à rendre la lutte difficile. Aussi les fabricants réclament-ils des droits plus élevés sur les produits étrangers.

Ils donnent une raison assez spécieuse : alors qu'on demande pour l'épingle d'une valeur de 3 fr. le kilogramme un droit de 7 fr. 50 c., le projet de tarif douanier propose 2 fr. pour l'aiguille dont la valeur est de 60 fr.

Les remarques sont les mêmes pour d'autres

articles de Laigle, aiguilles à tricoter, pointes à carde, hameçons, etc.

La question intéresse des industries nombreuses, car aujourd'hui la fabrication des aiguilles touche à bien d'autres branches d'activité.

Le vulgaire paquet d'aiguilles nécessite des quantités énormes de papier ; les trousses élégantes, dont l'usage est de plus en plus répandu, demandent chaque année pour les divers établissements 10,000 mètres d'étoffe. On évalue à une quantité au moins égale celle qui sert à la confection des trousses importées d'Angleterre et d'Allemagne. Détail à signaler : alors que les fabricants français paient pour l'introduction des lainages nécessaires à la confection des trousses, la laine des trousses étrangères est exempte. Les doléances sont vives à ce sujet.

A voir les choses de loin, on dirait de petites questions ; mais quand on a assisté à la mise en carte, au pliage, à la toilette des paquets d'aiguilles, on comprend l'intérêt de ces « petites questions ». Les ateliers où se font ces opérations sont les plus curieux, les plus amusants des usines. Une d'elles frappe les visiteurs ; c'est le rassemblage des aiguilles jetées pêle-mêle dans des cases en bois et soumises à des séries de trépidations et de secousses, ou les voit peu à peu se diriger vers la partie inférieure et se placer régulièrement, les unes au-dessus des autres dans un ordre parfait. Cela tient de la magie. Il semble qu'on n'aura qu'à secouer pour obtenir ce résultat, mais il faut une main exercée, il y a des mouvements obligés auxquels on parvient seulement après un long apprentissage.

Pour cette opération, préliminaire de la mise en carte, aucune machine n'a été inventée encore, les mouvements sont trop compliqués. Par contre, pour les épingles, on est arrivé à les fixer automatiquement au moyen de machines très simples et très ingénieuses à la fois.

Cette fabrication des épingles est restée plus florissante que celle des aiguilles. Certes, on est loin du temps où 8,000 ouvriers travaillaient chez eux à cette production ; alors toutes les épingles vendues par le monde venaient d'ici. Maintenant on trouve, à grand'peine, 500 à 600 ouvriers. Les autres ont émigré ou font la chaussure. Saint Éloi a été détrôné par saint Crépin, me disait mélancoliquement un vieil ouvrier.

La prospérité et la décadence ont été rapides. Tant que les droits furent élevés, on vit se créer des usines. Avec les traités de commerce, ceux-là seuls qui ont su transformer leur outillage ont résisté. L'épingle a tête repoussée, à pointe aiguisée en biseau, l'épingle qui *pique*, comme disent les couturières, l'épingle d'acier surtout, a remplacé l'antique clou de laiton qui passera bientôt au rang des curiosités.

Cette épingle a son principal centre de fabrication à Rugles. Là et à Laigle sept usines en font d'énormes quantités. Fait à signaler, cette industrie demande plutôt le libre-échange, son outillage a été perfectionné et elle ne craint pas la lutte.

En somme, cette curieuse fabrication n'a périclité que par le nombre d'ouvriers. Elle lutte avec une vigueur admirable et cherche à s'affirmer comme industrie absolument française. Ses chefs de maison ont amené — et ce n'est pas un faible succès — les marchands de Paris, les grands magasins notamment, à ne plus vendre leurs produits sous une marque étrangère. C'est bien l'épingle ou l'aiguille de Laigle que l'on vend aujourd'hui. Si l'on persiste dans cette voie, il y a bien des chances pour que la concurrence de l'étranger soit enrayée. Dans les produits d'un usage aussi général et d'un prix aussi faible, l'affirmation que l'on vend un produit national doit être pour beaucoup dans le succès.

Ce sont là des questions dignes d'être examinées. Même sous la forme actuelle de manufactures, l'industrie de Laigle et Rugles est restée une industrie rurale. Les usines sont en pleine campagne, dans une vallée riante et pittoresque, où la vie est facile. Quelques-uns de ces établissements, avec leurs murs blancs, les cordons de brique d'un ton rouge sombre se détachent vigoureusement sur le fond vert des arbres et ne manquent pas d'attirer l'attention du voyageur. Ainsi encadrée, l'industrie perd de son triste caractère de casernes ouvrières. Il faut souhaiter qu'elle résiste. Le talent et l'esprit d'initiative de ses chefs dans l'Orne et l'Eure nous le garantissent, on pourra échapper à l'émigration dans les grandes villes Mais pour cela il faut compter sur l'esprit d'initiative et non sur la protection des lois douanières. On honnit fort les traités à Laigle. Mais sans eux, peut-être, jamais les machines nouvelles n'auraient été importées ou inventées, nous aurions encore le clou de laiton et sa tête en spirale, clou piquant peu et lourd de forme. Au lieu de ces belles aiguilles à tête dorée enfermées dans des trousses élégantes, on aurait l'ustensile sans grâce de jadis, si facilement rouillé !

# X

## LE POINT D'ALENÇON

Sées. — Un évêché de village. — Gare gothique. — Conté et ses crayons. — Alençon. — Horreur de la locomotive. — Deux industries mortes : la toile et le point d'Alençon. — Dans la forêt d'Écouves. — Au pays des bons chevaux. — Le haras du Pin.

### Sées.

Oh ! l'étrange ville épiscopale ! Une des deux ou trois dernières capitales diocésaines dont Sainte-Beuve, à propos de Pavillon, le pieux évêque d'Aleth, appelait les titulaires des « évêques de village ». Et Sées est bien village, malgré ses 5,000 habitants. Beaucoup de petites villes de ce pays, moins peuplées, simples chefs-lieux de canton elles aussi, ont un air plus citadin.

Mais la tradition a maintenu à Sées son siège épiscopal. Alors que partout ailleurs on faisait table rase des anciens souvenirs religieux pour faire entrer les sièges établis par le Concordat dans l'ordonnance géométrique des préfectures et sous-préfectures, trois bourgades conservaient leur antique suprématie religieuse : Viviers, Aire-sur-l'Adour et Sées. Des trois, celle-ci a le moins gardé son caractère de ville religieuse. On comprendrait une cathédrale à Domfront, la tortueuse et noire petite ville aux maisons de granit, dressée au sommet d'une roche gigantesque, mais Sées, avec ses maisons de pierre blanche, ses rues de mince bourgade, attendant six jours par semaine la vie que lui amènera le marché hebdomadaire, les écuries campagnardes, les granges pleines de foin qu'on rencontre jusqu'aux abords de la cathédrale, n'a rien de suggestif. On la trouverait gentillette, si on n'était désappointé ; on rêve d'une ville de prêtres, aux maisons de bois sculptées, aux larges auvents, aux magasins d'objets de piété, aux chapelles nombreuses, et c'est un chef-lieu de canton quelconque, sans caractère, où ce qu'il y a de moins banal c'est encore la gare du chemin de fer.

Ceci n'est point un paradoxe. L'architecte chargé de doter Sées de cet édifice moderne et utilitaire a imaginé de mettre la station en harmonie avec une petite ville épiscopale. Rêvant sans doute un Sées semblable à Bayeux, à Coutances, à Tréguier, à toutes les cités gothiques ou romanes qui avaient des cathédrales, il a imaginé de doter Sées d'une gare gothique. Rien de plus bizarre et de plus amusant que ces fenêtres d'un autre âge dominant une marquise de bois et de zinc, ces portes à petits carreaux verts et blancs simulant les vitraux, au-dessus desquelles on peut lire : *Bagages,* ou *Télégraphe* ; c'est une gageure !

Le plus singulier n'est pas l'application d'un tel genre architectural à un édifice qui s'y refuse par destination, c'est qu'à Sées même il est un non-sens. La cathédrale, grâce à des restaurations fréquentes nécessitées par le peu de solidité des assises, est d'un style assez bâtard ; elle est pauvre et n'est pas, en somme, un des chefs-d'œuvre de la belle époque gothique. Par les maladroites réparations dont elle a été l'objet, elle a perdu l'unité de caractère qui devait en être la beauté. Un tel édifice ne prêtait donc guère à l'évocation, dans son voisinage, d'un monument comme la gare, devant être sans doute, dans l'idée de ses auteurs, une image vivante de la cité pour les voyageurs de passage — une minute d'arrêt ! — Les autres monuments de Sées sont convenables, mais n'ont rien de particulièrement gothique. L'évêché est un riche hôtel classique du dernier siècle ; l'hôtel de ville a ce que nous appelons aujourd'hui une allure monumentale. Enfin, la seule statue érigée à Sées n'est ni celle d'un évêque, ni celle de Chésadance, un Sagien qui professait le grec au Collège de France au temps des Valois, mais celle d'un autre Sagien, de Conté, l'inventeur des crayons, savant illustre qui eut la malechance d'attacher son nom presque uniquement à ces morceaux de fusain factice et résistants, alors qu'il avait tant d'autres titres de gloire, trop injustement oubliés.

Mais, vue au passage, Sées, assise dans sa plaine verdoyante, au pied des hauteurs sévères que recouvre la forêt d'Écouves, dominée par les deux hautes flèches de sa cathédrale, présente un charmant aspect; l'industrie n'y est point venue; elle a donc pu garder intacte sa physionomie de ville des champs.

Par contre, Alençon, sa voisine, a perdu le caractère de ville féodale qu'elle avait encore quand Hébert, le sinistre auteur du *Père Duchesne,* y vint au monde. La présence des autorités départementales a forcément fait grandir cette capitale d'un apanage des fils de France. Mais ce développement s'est fait malgré les Alençonnais eux-mêmes. J'ai raconté déjà comment ils avaient repoussé avec ardeur le cadeau qu'on voulait leur faire en faisant passer par leur ville la grande ligne de fer de Paris à Brest, qui aurait développé Alençon comme elle a développé le Mans. Le même fait s'est reproduit il y a peu de temps, quand Alençon fut désignée pour devenir la garnison d'un régiment de cavalerie de création nouvelle. C'était le bruit dans une cité tranquille et soucieuse de sa tranquillité. Aussi peut-on dire qu'Alençon a grandi malgré elle-même ; elle a grandi uniquement par la force des choses, par son titre de chef-lieu de l'Orne.

Et quel chef-lieu bizarrement choisi ! Alors que deux villes, par leur situation, semblaient appelées à devenir la capitale du département, Argentan et Sées, on conserva la suprématie de l'ancienne cité ducale située à l'extrémité du département, ayant même une partie de ses faubourgs, la ville de Montsort, dans le département de la Sarthe. Il fallut plus tard lui annexer ce faubourg ; mais à un quart de lieue au delà on n'est plus dans l'Orne.

Les chemins de fer se firent cependant. Si Alençon n'est pas devenue le grand point d'arrêt pour les voyageurs, si elle a dû renoncer à être un lieu de passage dont sa situation au milieu du ravissant pays que l'on a pompeusement appelé — dans la contrée — les Alpes mancelles et la Suisse normande, aurait vite fait un lieu de rendez-vous pour les touristes, il a bien fallu y faire passer la ligne de Bordeaux et Tours à Caen, puisque c'est la route naturelle. Ensuite, pour ne pas laisser les chefs-lieux d'arrondissement sans relations avec Alençon, on a créé la ligne de Mortagne et Condé-sur-Huisne, voie la plus courte pour aller à Paris, puis celle d'Alençon à Domfront. Ce sont malheureusement des lignes à fortes rampes, conçues dans un but strictement local; mais qu'on construise enfin la section de Domfront à Mortain et l'on aura la route la plus simple, de beaucoup la plus directe pour Avranches, le Mont-Saint-Michel et Saint-Malo. Et l'on verra alors tout ce pays devenir le grand passage des touristes; car, sur le parcours on aura à visiter les belles vallées du Perche, les forêts de Bellême et de Perseigne, la trappe de Soligni, la forêt d'Écouves, les gorges de la Sarthe et de la Mayenne, Domfront et Mortain, sites superbes et inconnus. Sans la frayeur des Alençonnais pour la locomotive, il y a longtemps que ces pays inexplorés seraient ouverts aux visiteurs.

La ville elle-même a peu conservé de débris du passé. Malgré la volonté bien arrêtée de ses bourgeois de résister à la transformation moderne, elle a dû suivre le courant. On n'est pas impunément chef-lieu de département et grand marché agricole; Alençon s'est donc entourée de boulevards, s'est percée d'avenues; la vieille capitale du duché est noyée au milieu des faubourgs sans cesse grandissants. Cependant, sauf la gare, son hôtel de

ville et une belle halle circulaire, elle n'a guère
de monuments modernes. Sa préfecture est un
édifice du xvii<sup>e</sup> siècle, de briques et pierres, qui
serait remarquable si la façade se présentait avec
plus de perspective. L'église Notre-Dame, coiffée
par une abominable tour à dôme, offre un porche
admirable et des verrières splendides. Du château
il reste quelques tours fort pittoresques.

Au point de vue économique, Alençon a perdu
ou à peu près deux industries jadis prospères.
Le manque d'esprit d'initiative n'a pas su y maintenir la fabrication des toiles, on n'a pas su profiter de l'abondance de la main-d'œuvre pour
installer des métiers mécaniques et remplacer le
tissage à la main. « Nous touchons à l'époque de
la disparition de cette industrie », dit mélancoliquement et administrativement la Chambre de
commerce dans sa réponse au questionnaire du
conseil supérieur du commerce. Elle énumère les
causes de ce désastre : installation d'établissements
de tissage mécanique dans le Nord; indifférence
ou craintes de risquer des capitaux; concurrence
du jute pour les toiles communes, et du coton
pour les toiles fortes ou de moyenne grosseur;
état de souffrance de l'agriculture et surtout de la
viticulture qui a eu pour résultat d'enrayer la consommation.

Quant au point d'Alençon, industrie fameuse, créée de toutes pièces par Colbert, qui fit venir de Venise une dame Gilbert et lui fournit les capitaux pour former des ouvrières, elle est à peu près expirante. Il y avait encore 1,500 dentellières en 1860, on en compte à peine une centaine aujourd'hui. Ici il faut accuser le haut prix de la dentelle à la main ; les produits d'Alençon ne sont guères abordables que pour des millionnaires, aussi ne faut-il pas s'étonner si l'invention des métiers mécaniques qui ont fait la fortune de Calais, de Caudry, de Saint-Quentin, de Tarare, de Lyon, a enlevé à Alençon une source de richesse ; ces dentelles mécaniques ont une durée quinze à vingt fois moindre que celle du point d'Alençon, mais elles ont l'avantage énorme de coûter cinq à dix fois moins cher.

Malgré toutes ces causes de décadence pour son industrie, la population d'Alençon ne cesse de s'accroître, parce que la situation de la ville, sur la limite qui sépare le versant de la Manche du versant de la Loire, est excellente. Ce bassin d'Alençon est à la fois un grand producteur de céréales et un des centres les plus considérables pour l'élevage. La haute vallée de la Sarthe produit à la fois le cheval percheron et le cheval demi-sang. Aussi le champ de foire d'Alençon est-il devenu un des marchés aux chevaux des plus considérables de la Normandie, c'est-à-dire de la France entière.

Ce pays est la terre classique des beaux chevaux. Je viens de le parcourir en tous sens pour achever ma visite par le fameux haras du Pin. Partout j'ai rencontré dans les herbages d'admirables poulains produits en grande partie par nos étalons nationaux.

J'ai gagné le Pin en traversant la forêt d'Écouves. Au pied de la forêt tous les villages sont producteurs de chevaux, on en rencontre jusque dans les clairières. Mais le massif renferme peu de ces clairières ; trois coins seulement ont une étendue assez grande, la Lande de Goutte, Fontenai et le Bouillon. Partout ailleurs, c'est la solitude absolue.

Malheureusement le massif a été dévasté, il ne présente pas des futaies de hêtres comparables à celles de Perseigne et de Bellême. Mais Écouves, qui couvre près de 8,000 hectares, a des gorges profondes, parcourues par de clairs torrents, ses plus hauts sommets dominent de près de 300 mètres les plaines voisines. Du haut du *Signal* on a, par les temps clairs, un panorama immense sur une vaste partie du Maine, du Perche et de la

Normandie. Je n'ai pu en juger, la brume m'a surpris au moment où j'atteignais la cime.

En descendant le versant nord par la fraîche vallée de la Thouanne, complantée de pommiers, on se retrouve en plein pays d'élevage. Mortrée, où sont les restes du château d'O, dont le nom est devenu populaire par les romans d'Alexandre Dumas, qui mit si souvent en scène le dernier marquis d'O, un des mignons d'Henri III, Mortrée possède de nombreux chevaux. Dans toute la contrée, d'ailleurs, on se ressent du voisinage du haras, Médavi, Almenêches, Nonant-le-Pin, le Merlerault possèdent des éleveurs et des dresseurs bien connus de tous ceux qui s'intéressent aux choses du sport.

Le Merlerault et Nonant sont deux gros bourgs, vivant surtout par le cheval; leurs foires présentent les plus beaux échantillons de percherons demi-sang et pur sang que l'on puisse rencontrer. Cette prospérité est encore l'œuvre de Colbert. Il a créé le Pin et donné ainsi à ces plaines normandes, déjà réputées pour leurs chevaux, les moyens d'obtenir une race vraiment pure.

Le site choisi par le grand ministre est admirable. Il est à regretter que le chemin de fer ait fait un grand détour pour atteindre Argentan par la vallée du Don au lieu de suivre l'Ure, route d'ailleurs plus courte. Il aurait passé au pied de la colline du Pin et le haras serait devenu un grand rendez-vous d'éleveurs et de sportsmen ; en même temps les touristes en auraient fait un lieu d'excursion. C'est un charmant pays que les abords du Pin-au-Haras. La route passe sur la crête d'une colline isolée, appelée la Roche de Nonant, d'où l'on a une vue superbe sur les plaines de l'Orne et les bleus horizons de la forêt d'Écouves. Le haras est bâti sur une autre colline, de formes harmonieuses, couverte par une futaie percée de larges et solennelles allées. Les bâtiments, les écuries surtout, construites dans le style Louis XIII, alors que l'hôtel du directeur se ressent des conceptions de Mansard, sont d'une réelle beauté. Une grande avenue gazonnée y fait face, lui donnant un grandiose aspect.

Malgré tout, le Pin, pour les jeunes officiers des haras, est une résidence bien solitaire. A l'entrée de l'hiver, quand tous les étalons y sont réunis, bêtes admirables de forme et d'élégance dont le nom est célèbre dans les fastes du sport, l'animation est grande ; ces fervents du cheval ont là, à se sentir les maîtres de ces admirables bêtes, des jouissances infinies. Mais quand l'heure est venue d'envoyer dans les stations d'étalons tous ces chevaux dont la présence donnait la vie à l'immense domaine, le Pin devient morne. Les jeunes gens mettaient tant d'ardeur et tant de joie à surveiller ces belles bêtes qui portent des noms illustres, comme Bruce, Krakatoa, et cent autres, et les voilà devenus des fonctionnaires, réduits à une correspondance active avec le ministère, les éleveurs et les stations.

C'est donc en automne et en hiver jusqu'aux premiers jours de décembre qu'il faut voir le Pin ; alors l'établissement central et les succursales éparses dans la forêt sont remplis ; alors les vestes rouges des écuyers et des palefreniers promenant les chevaux mettent une grande gaîté dans le paysage.

Le Pin tente bien de se réveiller, chaque année, au moment de ses courses. Le haras possède un bel hippodrome où d'élégantes tribunes semblent devoir attirer la foule. Mais la foule ne vient pas. Le public est strictement officiel, il y a peu de châteaux aux environs ; les villes sont loin et peu considérables, puis le Pin n'est pas à la mode. Ce serait cependant œuvre de reconnaissance pour les amis du cheval que de se rendre au Pin, chaque année, pendant les courses. Ils doivent au haras la plupart des coureurs qu'ils applaudissent à Longchamps, Auteuil ou Chantilly. Les solennités hippiques du Pin, si jamais la mode daigne s'y intéresser, auraient vraiment un caractère de gratitude envers les hommes dévoués qui ont fait de l'élevage toute leur existence. Ce seraient, bien, celles-là, des fêtes hippiques et non un rendez-vous de jeu.

Aucun lieu ne se prêterait mieux à des solennités de ce genre. La route de Nonant au Pin est une des plus belles de France. L'hippodrome est relié au haras par une allée à travers bois, large et superbe, digne du grand siècle. Ce serait une joie pour les yeux que la joyeuse animation apportée à ce cadre par les visiteurs.

Les hommes qui ont vraiment à cœur l'amélioration de la race chevaline reviendraient de cette excursion édifiés sur les difficultés que l'on rencontre à accroître nos ressources en étalons.

« A voir le nombre réellement trop petit de bêtes de choix que l'on peut mettre à la disposition des éleveurs, on se demanderait si le but final de l'élevage doit être le jeu et s'il ne serait pas sage et habile à la fois de donner aux haras tout ou partie des produits prélevés sur les paris. Certes, la bienfaisance est une grande vertu; on doit applaudir en voyant aller aux malheureux les sommes prélevées sur le jeu, mais on aurait plus fait pour diminuer la misère en aidant au développement d'une grande industrie nationale, qu'en donnant de l'argent à des pauvres qui pourraient travailler. » Voilà ce que me disait un éleveur de la région en dînant à l'auberge. Savez-vous que ce brave homme a peut-être raison ?

# XI

## LE CAMEMBERT

Soyez donc célèbre. — La maison de Charlotte Corday. — Une solitude normande. — Camembert. — La fabrication des fromages. — Pour faire un bon camembert. — Un moyen de développer cette industrie — Les hautes vallées normandes. — De Sainte-Gauburge à Vimoutiers. — Les beurres et les œufs. — Comment on obtient l'arome du Livarot — Les méfaits de la margarine.

### Camembert.

— Elle ne doit pas être du pays, je ne connais pas ce nom-là !

— Mais elle est morte il y a longtemps, on l'a guillotinée parce qu'elle avait tué Marat.

— Monsieur, je sommes un pays d'honnêtes gens, il y a point d'assassins cheux nous.

— Cependant c'est bien ici le Ronceray, c'est bien là qu'elle est née.

— Dame, y a pas longtemps que je suis ici, je vas demander au garçon du patron.

Le garçon du patron, le fils du maître est venu.

Un beau gars. Dès mes premiers mots il comprend :

— Ah ! la maison de Charlotte ! Je puis bien vous la montrer, elle est à mon père. Mais si vous vous attendez à un château, vous serez déçu !

Il s'agissait de la maison où naquit Charlotte Corday, au Ronceray, dans la commune des Champeaux. J'y suis venu ce matin, de Vimoutiers, par cet admirable chemin qui gravit la colline herbeuse complantée de pommiers, abritant la petite ville. Puis par la route monotone des plateaux, bordée de haies épaisses masquant la vue des herbages. De là, à certains moments, on a des échappées magnifiques sur les vallons profonds qui vont à la Vie. Mais le paysage le plus agreste de cette agreste contrée, c'est le vallon des Champeaux. Imaginez un immense cirque, aux parois en pentes raides, tapissées d'herbages, où les belles vaches au poil roux ou tacheté de blanc paissent ; puis d'innombrables pommiers couvrant les pentes, se pressant dans les fonds jusqu'au bord de deux étangs dans lesquels se mirent une église à la flèche d'ardoises, élancée, et une maison d'école ; église et école avec le cimetière forment tout le village des Champeaux. Cet abîme de verdure est d'un calme absolu ; sans quelques minces filets de fumée bleue, décelant les habitations cachées parmi les arbres, sans le bruit des battoirs des lavandières à une source sortie de la colline, on pourrait croire le pays désert.

A un quart de lieue de l'église, à l'ombre de vieux poiriers peut-être plus que centenaires, est une maison humble parmi les plus humbles de ces herbages, faite de torchis et de poutrelles entre-croisées; une chaumière aux abords gardés par des barrières de bois brut, ne laissant qu'un étroit passage pour le visiteur, là naquit Charlotte Corday.

La maison, suivant l'expression de mon guide, est habitée par des « personnes anciennes ». Une vieille femme assise devant l'âtre me la fait visiter. Une grande salle basse, blanchie à la chaux, tapissée d'images tirées des primes de journaux illustrés; à la place d'honneur le maréchal de Mac-Mahon d'après une gravure d'Épinal. Rien de particulier, c'est la maison d'herbagers rencontrée à chaque pas.

Au grenier, où l'on me fait monter, des provisions, du foin, un vieux rouet, ce fut sans doute une chambre, peut-être est-ce là que Charlotte est venue au monde.

Rien ne la rappelle. Pas une inscription, pas un mot. Les fervents de l'ange de l'assassinat, car elle en a encore, devraient bien consacrer son souvenir par une plaque de marbre.

Si rien n'est resté dans l'intérieur de la chaumière du Ronceray, rappelant le souvenir de l'héroïne, si ce souvenir est assez effacé pour que la domestique du propriétaire de la maison ignore même le nom de Charlotte Corday, le paysage a conservé sa grandeur mélancolique qui prédispose si fort à la rêverie et dont la jeune âme de Charlotte a dû être frappée. Cependant le pays n'est plus ce qu'il était. Les ronces dont le hameau a pris le nom ont disparu ; un chemin carrossable a remplacé les sentiers fangeux, la prairie même où est la maison est livrée à des ouvriers qui la drainent. Partout, dans ces maisons de poutrelles bariolées et de torchis, on voit battre le beurre et préparer le fromage. L'aisance est venue ; on comprend, à voir le bien-être dont tout le monde jouit ici, que les jours noirs sont oubliés et que le nom doux et tragique de Charlotte Corday ait disparu dans l'esprit des paysans avec les ténèbres du vieux temps.

Jadis ce vallon des Champeaux devait être d'un effroyable isolement. On peut s'en rendre compte, si, pour éviter les longs détours des chemins vicinaux, on veut gagner Camembert par le fond du vallon. Un ruisseau clair coule entre des berges à pic, se tordant cent fois sur lui-même dans l'espace d'une lieue. Les herbages qui le bordent sont jalousement clos, livrant passage aux seuls initiés connaissant les points où la haie est coupée par une barrière qu'il faut franchir en se courbant ou en se hissant à la force du poignet. Rien ne donne plus l'impression de la solitude que ces prairies encloses où les maisons disparaissent sous les poiriers; les habitants, semble-t-il, n'en doivent jamais sortir.

Mais quel calmant exil! L'herbe est si épaisse, d'un vert si doux aux regards, les ruisseaux sont si clairs; on se croirait à quelque alpage des montagnes. Ces étroites vallées normandes évoquent l'idée d'un Jura moins austère.

La vallée de Camembert est plus ouverte, plus vivante; le chemin de Trun la parcourt; les maisons sont établies non loin de la route, à peine séparées d'elle par un étroit herbage planté de pommiers. Devant toutes les portes, de grands seaux étamés, pleins de lait que l'on vient de traire; sous des auvents s'égouttent les fromages, ces fromages de Camembert dont la consommation est devenue si grande depuis que les chemins de fer peuvent les conduire à Paris et dans toutes les parties de l'Europe.

Le camembert vrai provient de la zone relativement étroite d'herbages comprise autour de Mézidon, Saint-Pierre-sur-Dives, Livarot et Vimoutiers. On fait 2 millions de ces fromages chaque année, peut-être les imitations en donnent-elles davantage.

Ce développement extraordinaire a, en effet, amené un grand nombre de contrefaçons dans des régions n'ayant pour elles ni les traditions du pays de Vimoutiers, ni les herbages d'une saveur exceptionnelle de ces hautes vallées normandes. En outre, la production, là où l'on fait en grand le fromage, a forcément quelque chose d'industriel, il faut aller au loin chercher le lait; le lait de provenances diverses ne saurait donner la qualité que l'on obtient par les laits d'unique origine. C'est pourquoi on a aujourd'hui tant de difficultés à trouver un bon camembert; on a des produits de manufactures en plus grand nombre que les produits de la ferme.

Pour faire un bon camembert il faut s'y prendre peu après la traite; les laits du soir, du matin et de midi sont mêlés et aussitôt convertis en fromage. Il est bien certain que le lait recueilli de la sorte, ne subissant pas le cahotage, n'étant pas en contact avec celui de nombreuses laiteries, ne courant pas les routes sous le soleil ou la gelée, donnera des produits d'un goût plus fin, plus onctueux, ils se « feront » mieux, selon l'expression consacrée, que le camembert obtenu par un mélange de lait de différents herbages recueillis de laiterie en laiterie. En outre, dans quelques grandes exploitations, on ne résiste pas toujours à la tentation de prélever une partie de la crème pour la convertir en beurre. De là ces camemberts secs, payés cependant de 80 cent. à 1 fr. chez les fruitiers parisiens.

Il faut en prendre son parti ; à moins d'une transformation radicale des mœurs économiques, nous verrons peu à peu diminuer encore le nombre des camemberts dignes de ce nom ; jadis le producteur portait chaque lundi tous ses fromages sur le marché de Vimoutiers. Il payait — et paie encore — deux centimes par douzaine pour droit de place. Le marché fini, le mari et la femme allaient dîner à l'hôtel, on ne rentrait guère avant le soir, ayant perdu une journée et dépensé 5 à 6 fr. quand on n'avait pas atteint la pistole.

Aujourd'hui on trouve plus avantageux de livrer le lait au prix de 18 cent. le litre aux fabricants. En faisant le fromage soi-même, le lait rapporte bien 25 cent., mais il faut fabriquer le fromage, le soigner, s'exposer aux aléas de cette industrie, aller au marché, subir les exigences des marchands. On préfère ne pas se déranger. Et voilà pourquoi nos ménagères se plaignent de ne plus trouver de bons camemberts.

Il y aurait bien un moyen d'obtenir de nouveau des produits succulents. Ce serait de déterminer les herbagers à se réunir en associations, en *fruitières* comme dans le Jura.

S'il est difficile à un seul herbager ayant 3 ou 4 ou même 15 à 20 vaches d'entreprendre à lui seul la fabrication, l'emballage et l'expédition à Paris — lorsqu'il y connaît un acheteur — un groupe de 30 à 40 d'entre eux pourrait y parvenir. Un homme et une femme pour la fabrication, un des associés à tour de rôle pour aller chercher le lait d'herbage en herbage, un autre pour tenir, moyennant une très faible rémunération, la comptabilité rudimentaire de l'entreprise et voilà tout. C'est le système adopté par la fruitière de Balzac, près d'Angoulême.

De la sorte, le lait recueilli sur une zone très étroite, toujours la même, aurait des qualités sensiblement égales; n'ayant eu à subir qu'un transport insignifiant il garderait toutes ses qualités; on pourrait ainsi fabriquer aussi bon que par le passé, le bénéfice des intermédiaires reviendrait aux herbagers; ce serait une ère de prospérité nouvelle pour ce pays fort éprouvé aujourd'hui. On ne peut qu'être frappé en le parcourant comme je l'ai fait, de hameau en hameau, de la quantité extraordinaire de ventes de mobiliers et de récoltes faites par autorité de justice. Certains points de la route de Trun présentent un spectacle navrant. Les poteaux du télégraphe sont couverts d'affiches annonçant ces ventes.

Et pourtant, pour qui la parcourt sans remarquer ce détail, il n'est pas de plus heureuse contrée. Toutes ces vallées profondément creusées au sein du massif des collines normandes ont une apparence de prospérité bien rare. De Sainte-Gauburge à Vimoutiers on a, par la fenêtre du wagon, un des tableaux les plus riants qu'on puisse imaginer. Au delà du village de Saint-André-d'Échauffour, perché sur une crête d'assez maigre aspect, on descend par de fortes rampes dans la vallée de la Vie ; on découvre alors ce splendide bassin de Vimoutiers, une des plus belles choses de l'Ouest. Tout au fond la petite ville s'étend entre de hautes collines ; trois vallées latérales s'ouvrent sur celle de la Vie présentant d'heureuses perspectives. On descend vers la gare, située à mi-coteau par des courbes qui ouvrent sans cesse de nouveaux horizons. De là on a sous les yeux tout l'ancien comté de Montgommery, ce nom tragique qui ouvre une des périodes les plus sanglantes de notre histoire nationale.

Vimoutiers est une bien petite ville, propre et tranquille ; elle se réveille de son calme tous les lundis, pour le bruyant marché où affluent tous les fromages de la contrée. Les environs sont d'un charme exquis L'étroit ravin où grimpe en pentes raides l'ancienne route de Trun est un abîme de verdure, dans lequel sont enfouies de belles villas.

Tout autour, les vallons sont une immense usine laitière. Là s'élaborent les beurres de Normandie, les fromages de Camembert et de Livarot. Depuis 90 ans a commencé cette industrie, depuis 40 ans surtout elle a pris un essor inouï. Suivant la saison le beurre ou le fromage domine. Pour celui-ci la fabrication est surtout active pendant les temps froids, du 15 septembre au 15 mars. Un chiffre donnera une idée du nombre de vaches dont ces herbages sont peuplés ; il faut près de 2 litres pour faire un fromage de petite dimension, car ce sont les seuls bons ; un gros camembert n'a jamais rien valu. Pour ces deux millions de camemberts, il faut donc quatre millions de litres de lait ; or, comme une vache laitière donne en moyenne deux mille litres par an, il faut deux mille vaches pour donner le vrai camembert. On estime que trois laiteries sur dix produisent ces fromages ; les sept autres ne font que du beurre ou du fromage de Livarot, soit quatorze mille autres laitières.

Toutes ces bêtes restent l'année entière à l'herbage, la stabulation enlèverait au lait les qualités savoureuses de l'herbe des vallées ; c'est pourquoi les camemberts d'autres régions, fournis par des vaches sans cesse à l'étable, sont de qualités si inférieures.

Le livarot donne moins de mal au producteur. Pour arriver à cet arome un peu canaille qui le distingue, il doit quitter l'herbage natal. Des « caveurs » l'achètent et l'emportent dans des caves spécialement aménagées pour leur donner une maturité devant développer chez eux le principe odorant

Quant au beurre, il subit une crise. Des industriels aussi avisés que peu scrupuleux avaient imaginé de venir s'installer en plein pays de production, d'acheter des beurres et de les malaxer avec 40 p. 100 de margarine. Ces produits frelatés étant expédiés de pays producteurs tels que Saint-Pierre-sur-Dives, Mézidon ou Vimoutiers, avaient donc l'estampille normande. En Angleterre on s'en est aperçu et les achats s'en sont ressentis. Des procès sont venus mettre fin à cette industrie, du moins à celle qui se fait en grand, mais les Anglais, méfiants, sont allés chercher des beurres en Danemark, pays patriarcal, paraît-il, où l'on n'oserait frauder.

On se ressent fort de cette décision en Normandie. Cependant, me disait quelqu'un, la margarine a du bon, elle fait monter le prix des suifs, ce que nous perdons sur la crème, nous le rattrapons sur la graisse ! Vous avez la quintessence de paysan normand dans cette réflexion.

Le plus curieux dans l'affaire, c'est que les principaux fabricants de beurre margariné furent des Anglais. Ils ont eu l'idée de venir en pleine Normandie falsifier les aliments destinés à leurs compatriotes. Ils n'ont pas frelaté, il est vrai, les 300,000 œufs expédiés chaque lundi de Vimoutiers en Angleterre; mais c'est que la tâche était difficile.

Cependant il ne faut pas trop croire à la pureté de tous les beurres vendus sous l'étiquette normande. Si on ne fait plus les fraudes dans les établissements industriels, la margarine n'en est pas moins un appoint pour les marchands qui achètent les beurres sur place. Un herbager me disait même :

« Ça permet de vendre plus cher le beurre naturel ! »

Camembert a échappé à cette industrie coupable. Grâce à son nom, il trouve à écouler la plupart de ses produits sous forme de fromages. C'est un petit, très petit village ; dix maisons à peine, dominées par la flèche d'ardoises d'une humble église, mais elles sont étalées sur le flanc d'une colline verdoyante; dans les herbages, des habitations pittoresques se détachent nettement avec leur fond blanc où se croisent des poutrelles brunes. D'autres, plus étendues, ont des allures de châlets suisses, ce sont les fromageries où se concentre le lait d'une grande quantité d'herbages. De là partent chaque jour des caisses à claire-voie et des bourriches dirigées sur la gare de Vimoutiers.

Une petite rivière, la Viette, très claire, coule au pied de la colline entre de belles prairies, elle va rejoindre la Vie et lui aider à faire mouvoir les usines de la ville, car Vimoutiers est un petit centre industriel, elle a un tissage et une blanchisserie de toiles qui passe pour un des plus beaux établissements de Normandie.

## XII

### FLERS

Une grande industrie. — Condé-sur-Noireau. — Les fabriques dans le paysage. — Les huguenots dans l'Orne. — Au mont de Cerisi.

#### Flers-de-l'Orne.

Ce n'est pas une médiocre surprise de trouver dans cette Basse-Normandie aux petites villes vieillottes, sillonnées de rues tortueuses, bordées de maisons vénérables, une jeune cité aux voies larges et régulières, projetant de longs faubourgs dans les campagnes comme pour en prendre possession. On dirait Roubaix, un Roubaix plus tranquille, plus sévère aussi, car le granit a plus d'austérité encore que la brique. Tel est Flers, Flers-de-l'Orne comme on dit en style officiel.

L'existence de cette cité nouvelle est bien un phénomène. Elle et ses satellites, Condé-sur-Noireau et la Ferté-Macé, ont grandi pendant que leurs voisines, Alençon et Mayenne périclitaient. C'est qu'ici où les huguenots, en dépit de la révocation de l'édit de Nantes, sont restés nombreux, la race est plus tenace, moins encline à s'abandonner. Quand on a vu que le tissage à la main était condamné, les capitaux n'ont pas hésité à entreprendre le tissage mécanique. Plusieurs usines ont été créées, quelques-unes pouvant être citées comme modèles. Si l'on n'a pu utiliser tous les ouvriers, si l'émigration s'est imposée à beaucoup, au moins la production n'a-t-elle pas décru Flers et ses voisines produisent en quantité bien plus considérable les étoffes qui ont fait leur réputation.

Là, au croisement des chemins de fer de Paris à Granville et d'Angers à la Manche, est aujourd'hui la partie vitale de l'Orne, malgré les fictions administratives qui font des somnolentes cités d'Alençon, de Mortagne, d'Argentan et de Domfront les villes maîtresses.

Toutes proportions gardées, c'est pour l'Ouest, de Condé-sur-Noireau à Laval, un groupe d'une activité comparable aux centres industriels du Nord. Il manque uniquement le charbon pour développer encore cette active contrée.

La création de Flers est étrange. Une ville, dans cette contrée, semblait plutôt destinée à devenir un grand centre, c'était Argentan; elle a de riches carrières, l'Orne y est déjà considérable, la voisinage de Falaise, le croisement des grandes routes et des voies ferrées, aurait dû y attirer l'industrie; elle est restée placide et n'attire ni le visiteur, ni le commerçant. Cependant elle a de précieux restes, ses églises méritent l'attention de l'artiste, car elles sont de la belle époque ogivale. Son palais de justice, ancien château des vicomtes, a encore fière mine; çà et là des maisons sculptées et, plongeant leur base dans l'Orne, de vieilles demeures à galerie fort pittoresques. Mais tout cela est mort, sauf au jour du marché où la foule afflue et donne à la ville un aspect joyeux.

Moins pittoresque est Flers; c'était au commencement du siècle un fort petit village, on peut en juger par la très petite, très pauvre et très bizarre église construite en 1820. Elle détonne au milieu des hautes bâtisses régulières et cossues et du marché couvert qui l'entourent. Elle ne suffit plus d'ailleurs; une autre église construite il y a 25 ans dresse une flèche ogivale, dépassant en hauteur les cheminées d'usine. En somme, ville essentiellement moderne, conservant cependant quelques vieilles maisons et les restes d'un château incendié pendant l'insurrection chouanne dirigée par M. de Frotté. Ce château, avec ses tourelles surmontées de lanternes ajourées et son admirable parc, est une des plus belles demeures de l'Ouest.

En devenant une ville manufacturière, Flers a beaucoup perdu de son animation. Jadis les tisserands de la ville ou de la campagne allaient porter leur tissu chez les fabricants, ils en revenaient avec une nouvelle chaîne et les fils à trame. Il y avait, en 1860, 312 fabricants et 29,000 ouvriers, tisserands, trameurs, dévideurs, teinturiers, blanchisseurs, apprêteurs, etc., on comprend le mouvement qui en résultait. Aujourd'hui le nombre des métiers est réduit à 4,000, le gain journalier du tisserand s'est abaissé de 40 p. 100.

Par contre le tissage mécanique a subi une progression constante. Il n'y avait pas un seul métier mû par la vapeur en 1860, on en comptait 600 en 1870, 1,200 en 1880, 2,100 en 1889. Le nombre d'ouvriers s'élève sans cesse. La gare a expédié, en 1890, 6,000 tonnes de tissus et 1,400 de coton filé. La quantité de charbon employé par les usines atteint près de 20,000 tonnes. En somme, Flers, malgré sa situation excentrique, est en pleine prospérité. La succursale de la banque de France, réduite aux opérations d'une ville de 15,000 habitants, simple chef-lieu de canton, est au 52e rang, son chiffre d'affaires atteint une trentaine de millions. Ses relations avec Paris sont assez fréquentes pour qu'on ait dû relier Flers à la capitale par un fil télégraphique spécial.

Dire que j'ai rencontré uniquement des gens satisfaits serait exagérer. Flers a des négociants et des fabricants habiles, dont les installations industrielles dépassent ce qu'on peut voir ailleurs de plus parfait. Ils ont su éviter l'ornière, entreprendre pour des marchés nouveaux des produits nouveaux ; ainsi Flers fabrique une grande partie des guinées employées en Afrique ; ce sont des tissus de coton fort lâches, teints en bleu. Mais, à côté de l'expression d'un juste orgueil, que de doléances ! « On produit à un prix trop élevé, les magasins regorgent de tissus, les prix de vente sont trop bas. » La faute en est, dit-on, aux traités de 1860. C'est à cause de ces traités que le nombre de broches des filatures avoisinant Condé-sur-Noireau et situées dans l'Orne est descendu de 95,000 à 55,000 depuis 30 ans. Cependant quelques-uns font une large part à l'insuffisance d'outillage qui a empêché nombre de filateurs de supporter la concurrence. Mais la note générale est « plus de traité de commerce ».

Cette tendance est d'autant plus remarquable que Flers s'efforce de développer ses exportations par tous les moyens. C'est le siège de cette société *Flers-Exportation* dont j'ai déjà parlé. Créée au début pour chercher dans nos colonies et les pays soumis à l'influence française des débouchés pour l'industrie de Flers, elle a peu à peu étendu son action, elle vend aux colonies du beurre, du cidre, de l'eau-de-vie, du lait condensé, les épingles de Laigle, les produits si variés de Tinchebrai.

Les résultats acquis sont, dit-on, des plus satisfaisants. Le Tonkin, l'Algérie, la Tunisie, sont aujourd'hui, pour une foule de produits, les tributaires de Flers. L'exemple a été suivi ; des commerçants de plusieurs villes : Tarare, Roanne, Roubaix, Thizy, etc., se sont affiliés à *Flers-Exportation*. C'est ainsi que la petite ville normande a su donner l'exemple à nos industriels.

En 1860, on évaluait à 250,000 pièces de coutil de coton valant 28 millions, le chiffre produit par l'industrie de Flers, en y comprenant sans doute La Ferté-Macé ; aujourd'hui la seule gare de Flers expédie annuellement plus de 6,000 tonnes de tissus. Elle voit un mouvement de 300,000 voyageurs, chaque année 20,000 tonnes de charbon y sont déversées pour les usines.

Mais Flers n'est que le centre pour l'industrie des coutils. Laval et Mayenne, villes déjà éloignées, en dépendent en quelque sorte. Condé-sur-Noireau dans le Calvados, La Ferté-Macé dans l'Orne sont des satellites de Flers. Malheureusement il est difficile de grouper d'une façon satisfaisante les produits des trois villes. Condé dépend de la chambre de commerce de Caen. La Ferté, croyant voir dans Flers une suprématie offensante, a refusé d'appartenir à la chambre de commerce créée par sa rivale et s'est fait rattacher à Alençon. Cette séparation en trois tronçons d'un des groupes industriels les plus vivants et les plus considérables de France est assez singulière. Est-ce bien tirer tout le profit possible des assemblées commerciales que briser ainsi, pour satisfaire à la régularité départementale ou aux jalousies locales, des faisceaux d'intérêts aussi fortement amalgamés?

La Ferté-Macé, où je compte aller bientôt, donne pour raison qu'elle ne se borne pas à fabriquer l'article de Flers, mais qu'elle est surtout un grand marché de toiles. Quant à Condé, elle est victime de nos mœurs décentralisatrices, on a voulu que l'action des chambres de commerce ne s'exerçât pas en dehors du département. Or, Condé est sur la marge même du Calvados et de l'Orne, au bord du Noireau. La rivière forme la séparation des deux départements, la rive gauche, qui renferme la ville, dépend de Caen, la rive droite, où l'on trouve de nombreuses usines, dépend de

Flers. Condé possède une chambre consultative des arts et manufactures, mais celle-ci n'a aucune action sur les usines de la rive droite, dont les propriétaires ont cependant leurs comptoirs à Condé. Aussi, pour juger du mouvement de la ville, il faut prendre les chiffres des expéditions des gares de Condé et de Pont-Erembourg, celle-ci desservant les usines en aval sur la Veyre et la Drnance, affluents considérables.

La balance entre les cotons bruts arrivés et expédiés de Condé laisse (1890) un chiffre de 2,153 tonnes transformées en fil. C'est là une diminution de 36 à 40 p. 100 sur les chiffres d'il y a 7 ans, car, en 1883, on filait 4,007 tonnes ; depuis lors la diminution a été constante. Nombre d'usines ont été abandonnées ; d'autres, incendiées, n'ont pas été reconstruites. Dans la seule vallée de la Vère (Orne) 12 filatures sont abandonnées. Les filateurs qui restent, et dont la situation est difficile, s'en prennent aux traités de commerce qui leur ferment les débouchés. Cependant, parmi leurs doléances on ne peut s'empêcher d'être frappé de celle visant la concurrence de Rouen et du Nord, ce n'est pas la concurrence étrangère cela ! Et l'on en vient à penser que l'insuffisance de l'outillage doit être pour quelque chose dans la décadence de cet intéressant groupe industriel de Condé-sur-Noireau.

Parmi les causes qui m'ont été exposées, une m'a frappé : La main-d'œuvre s'est accrue dans de fortes proportions à la suite de l'introduction du tissage mécanique. Celui-ci ayant pu payer plus cher ses ouvriers que les tissages à la main, les salaires des fileurs ont suivi une hausse proportionnelle. Aujourd'hui Condé paie ses ouvriers 50 p. 100 plus cher que la Suisse.

C'est que, pour Condé, la transformation a été profonde. Jadis on y filait le coton à la main, les usines hydrauliques n'ont pas tardé à remplacer la main de l'homme. On fabriquait, avec les fils, des basins et autres articles qu'on allait vendre à la foire de Beaucaire, qu'on répandait en Espagne, etc... L'Espagne est devenue industrielle, les foires ont perdu leur importance, on a donc complètement transformé les mœurs commerciales et les produits. Les tissages mécaniques manufacturent des étoffes pour pantalons, dont le type est le pantalon rayé de bleu des hommes d'équipe du chemin de fer, des blouses, la chemise de couleur, etc. Ces produits se distinguent de ceux de Flers en ce qu'ils sont plus lourds.

Malgré les doléances fort vives de ses industriels, Condé-sur-Noireau est une petite ville dont l'aspect de prospérité fait plaisir à voir. Elle n'a guère qu'une rue, entre la rivière et la colline, mais les maisons sont hautes et propres, plusieurs ont l'allure d'hôtels de grande ville. Cette rue est, d'ailleurs, le quartier moderne; autour de l'église, sur le coteau dont la Durance baigne le pied, la ville conserve de vieilles petites ruelles assez pittoresques, rayonnant autour de la place où se dresse la statue de Dumont-d'Urville. Le célèbre navigateur est né à Condé. Ce coin d'antique bourgade contraste par son calme avec la longue rue où s'alignent les comptoirs et les usines.

Des 3,000 ouvriers employés dans Condé, des 1,500 à 2,000 tisserands à la main qu'on rencontre encore, une partie seulement habite la ville. Le reste réside dans les villages voisins de l'Orne ou du Calvados, dans ces hameaux riants échelonnés sur les rives des trois rivières, près des filatures et des minoteries qui animent ces vallées.

C'est un bien curieux et bien ravissant pays, ce coin de Normandie, rappelant, en petit, les sites de montagnes. Les cours d'eau coulent au fond de vallées très encaissées, bordées de rochers superbes de port et de nuances, couverts de bois et d'étroits pâturages. L'aspect de la gorge suivie par le chemin de fer, entre Condé et Berjou, est parfois grandiose.

Moins pittoresque est le site de Flers : les collines y ont des pentes douces, le bas de la ville est presque une plaine. Usines et maisons ont donc pu se construire à l'aise, c'est à cela qu'il faut attribuer sans doute la suprématie de Flers sur des villes plus anciennes, en possession d'un passé industriel comme Condé-sur-Noireau, la Ferté-Macé et Mayenne.

Il y a encore, dans tout ce pays, un vieux levain huguenot remarquable ; les protestants y sont nombreux et beaucoup de ces industriels sont les descendants de cette bourgeoisie active qui avait, jusqu'au XVIII° siècle, avant la révocation de l'édit de Nantes, porté à un si haut point l'industrie française. La ténacité qu'ils ont mise à créer et à développer dans ces hautes vallées normandes une industrie bien particulière, qui a un nom dans l'économie de notre pays : « l'article de Flers », est un gage qu'ils sauront traverser la crise et en triompher sans peine.

Du reste, cette crise est-elle aussi grave qu'on veut bien le dire, le malaise n'est-il pas plutôt une sorte de stupeur causée par l'exemple des pays jusqu'alors nos tributaires, devenus des producteurs et dès lors nos concurrents? Peut-être, car il est facile de constater la prospérité de ceux qui ont compris à temps la nécessité de se plier aux formes nouvelles de la lutte commerciale.

Malgré ces conclusions encourageantes, on ne peut s'empêcher de regretter la fermeture de tant d'usines, jadis la richesse et la prospérité des vallées. Les rumeurs joyeuses des manufactures s'harmonisaient si bien à l'allure des collines, jouant à la montagne par leurs escarpements de granit et leurs brusques contours; l'eau frémissant sur les barrages, sur les grandes roues, donnait la vie à ces gorges profondes. Là où la ruine a passé, ces fenêtres veuves de leurs vitres, l'aspect délabré des bâtisses, l'herbe envahissant les cours ont une apparence de lugubre et froide désolation. Ces ruines trop neuves inspirent une tristesse inquiète, que ne connaissent point les ruines féodales ou les débris d'église.

Il est un point d'où l'on domine admirablement tout le bassin industriel du Noireau; c'est le « mont » de Cerisi, énorme butte de granit, couverte de bois, située près de la limite de trois départements normands, Orne, Manche et Calvados. De là on a une vue immense sur toute une vaste contrée, Vire, Argentan et Domfront. La petite montagne a, vers le Noireau, de beaux escarpements. Au coucher du soleil, ce paysage a une grandeur indicible. En dépit des hautes cheminées d'usines dressées vers Flers et Condé, le tableau est d'une merveilleuse sérénité champêtre. C'est un des plus beaux paysages de la Normandie pastorale.

## XIII

### LA SUISSE NORMANDE

Chauvinisme local. — Domfront. — Le Passais. — Bagnoles-de-l'Orne. — La Ferté-Macé. — Tinchebral. — Les malheurs d'une voie ferrée. — Quincaillerie et ferronnerie. — Comment se fait un peigne de corne.

*Tinchebrai.*

Si le Maine a ses Alpes mancelles dans les belles collines des hautes vallées de la Sarthe et de la Mayenne, la Normandie, sa voisine, n'a pas voulu être moins favorisée. Les vallées confinant aux Alpes mancelles ont été baptisées du nom de Suisse normande. Suisse sans glaciers, sans lacs, sans montagnes, mais où des rochers à pic, des ruisseaux susurrants, des ruines féodales ont suffi pour que le patriotisme local ait vu là un nouvel Oberland. Les habitants croient très sincèrement à la fidélité de cette reproduction de l'Helvétie. De Sées à Vire tous s'imaginent n'avoir rien à envier à Zurich ou à Sion.

Il ne faut pas plaisanter avec ce sentiment. On serait fort mal vu. Le mieux est de parcourir la

*Suisse normande*, d'en admirer les paysages et de dire bien haut son admiration. Certes, cette région est charmante, mais l'avouer ne suffit pas, il faut forcer la note.

La *Suisse* normande est la chaîne de hautes collines profondément découpées, servant de ligne de faîte, de Fougères à la forêt d'Écouves, entre la Manche et l'Atlantique. Ces collines sont fragmentées par les rivières naissantes, les forêts y sont vastes, le granit mis à nu sur les flancs des vallons s'y dresse parfois en véritables falaises. Toute part faite à l'exagération locale, l'ensemble est un fort joli pays, digne d'être mieux connu et d'attirer les touristes et les peintres.

Entre Flers et Mayenne, on voit un des sites les plus imposants de la chaîne ; c'est Domfront, perché sur une haute roche à pic dont le pied est baigné par la Varenne. Le chemin de fer passe au fond du défilé et permet d'admirer ce fier paysage, rendu plus imposant encore par la formidable ruine du donjon. Ce haut pan de muraille dressé sur l'abîme est l'unique reste d'une forteresse fameuse, dont le dernier siège fut conduit par le maréchal de Matignon, là fut pris l'infortuné comte de Montgommery ; il rendit la place à la condition d'avoir la vie sauve et n'en fut pas moins décapité en place de Grève un mois après.

Ces ruines et le site qu'elles dominent sont l'unique intérêt de Domfront. La ville, très petite, resserrée sur l'étroit plateau, à plus de 200 pieds au-dessus de la rivière, est formée de rues étroites et sombres, dans lesquelles on ne rencontre pas sans étonnement les lampes Edison. C'est une des rares villes éclairées à la lumière électrique. Le voyageur qui monte, la nuit, par la longue route en lacets unissant Domfront à la gare, s'attend, en voyant se succéder les candélabres étincelants, à rencontrer une cité bruyante. Le calme des rues contraste fort avec la lumière à flots répandue.

Mais si la ville n'a rien qui puisse attirer le visiteur, la vue dont on jouit du haut du rocher est superbe. Le vallon de la Varenne, si étroit que le chemin de fer et la rivière suffisent à en remplir le fond, se présente comme une faille grandiose, entaillée dans la roche vive.

Les sommets des Alpes mancelles, les hauteurs boisées de la forêt d'Andaine, les lointains bleus de la forêt de Mortain, limitent l'immense horizon. C'est un de plus beaux panoramas que l'on rencontre dans l'Ouest. Il ne faut pas s'étonner si les habitants du bas pays ont exalté la beauté du site. Chênedollé a fait des vers bien plats pour célébrer ce haut donjon aux « fossés teints de carnage »,

Par cent bras réunis dans la roche creusée.

Ce paysage a plus encore exalté l'enthousiasme d'un bon chanoine, qui, après avoir battu le monde, comparait les pays parcourus. Il avait vu « Naples et son fameux golfe, Messine et sa rade, Gênes et ses collines parfumées, les Pyrénées et leurs sites enchanteurs, les Alpes, la Suisse, les plaines renommées de l'Andalousie, Cordoue et la Castille, le Saint-Gothard et Milan, l'Auvergne et ses riches montagnes ». Rien ne l'avait séduit, dit-il, comme Domfront.

On peut juger par là de l'enthousiasme de ceux qui n'ont aucun point de comparaison, et de la conviction des habitants dans leur prétention d'habiter la Suisse normande.

Toute part faite à l'exagération, cette partie de la Basse-Normandie appelée le Passais est fort belle et mérite d'être parcourue. La forêt d'Audaine et ses gorges sont superbes.

C'est encore un pays inexploré. On n'y va guère, même pour les affaires, car l'industrie des forges, autrefois active, a disparu. Jadis on faisait un commerce assez considérable. Une commune voisine de Domfront, la Haute-Chapelle, possède des gisements de terre glaise dont la réputation était grande, la Hollande et l'Angleterre venaient la chercher pour en confectionner des vases qui avaient la propriété précieuse de conserver la saumure du beurre ou des viandes salées « sans qu'il en transpirât une seule goutte par les pores ». On racontait des choses merveilleuses sur les fosses d'où l'on retirait l'argile ; dès qu'elles étaient remplies d'eau de pluie, elles s'empoissonnaient en tanches et en brochets, bien qu'elles n'eussent aucune communication avec les cours d'eau voisins. La même paroisse, d'après une notice du siècle dernier, possède une matière noirâtre qui, mise au feu, s'est enflammée et a permis de battre le fer ; peut-être y a-t-il là un prolongement du bassin anthracifère de la Mayenne.

Par contre, l'industrie a pris possession d'une des lisières du grand massif boisé ; l'importante ville industrielle de la Ferté-Macé s'est bâtie à proximité des sites les plus riants du pays. Quand on a suivi jusqu'à Couterne, au bord de la Mayenne, le chemin de fer d'Alençon, on prend une petite ligne montant, par de grandes courbes, jusqu'à la gorge qui sépare les forêts d'Andaine et de la Ferté-Macé. Dans cette gorge, la petite rivière de Vée s'épanouit en un étang gracieux, bordé de belles allées et de villas. De grandes roches bouleversées se dressent au-dessus des arbres. Dans ce site charmant est l'établissement thermal de Bagnoles, dont la fréquentation commence à faire connaître l'aimable contrée normande que nos aïeux appelaient le Bocage.

La Ferté-Macé est au delà, couvrant de rues tracées en étoiles au cœur d'un vieux bourg féodal, un mamelon entouré de vallées profondes. De hautes cheminées d'usines dominent le paysage ; malgré leurs flots de fumée noire, la Ferté conserve grand aspect, par sa disposition en amphithéâtre. Intérieurement c'est une très calme et très tranquille bourgade, malgré ses dix mille habitants. A l'heure de la sortie des usines, la cité s'anime, devient bruyante.

Jadis la Ferté était plutôt un comptoir qu'un atelier. La ville possédait encore, en 1862, 106 fabricants qui faisaient travailler 14,000 métiers dans les campagnes voisines, pour la fabrication des coutils et des toiles. Aujourd'hui il n'existe que 16 maisons, mais la production est plus considérable. 8 fabricants font fabriquer à la main, ils occupent environ 1,400 métiers, les huit autres ont des tissages mécaniques, occupant 2,000 hommes, 2,000 femmes et près de 800 enfants. Les blanchisseries, les teintureries, les apprêts emploient en outre deux à trois cents personnes. Le groupe industriel de la Ferté-Macé a donc une importance assez considérable dans l'économie générale du pays.

Naturellement, cette industrie a les mêmes idées économiques que Flers et Condé-sur-Noireau. Les fabricants à la main, pour la plupart producteurs de toiles de chanvre et de lin, demandent, comme ceux d'Alençon, une protection douanière à laquelle l'usage, de plus en plus répandu, des tissus de coton enlèverait sans doute l'efficacité attendue. Les tissages mécaniques faisant, comme Flers, les toiles de literie, le corset, le mouchoir, la chemise de couleur sont dans une crise aiguë, du moins ceux qui n'ont pas voulu se plier aux fluctuations de la mode et à la transformation de l'outillage.

Ainsi la Ferté-Macé n'a fait jusqu'ici, pour ces étoffes rayées employées pour stores, toiles à matelas et à sommiers, que les nuances grises et bleues; or, le rouge est aujourd'hui très demandé. Une usine s'est transformée, a modifié son outillage, changé ses couleurs et ses procédés de teinture. Son directeur m'a paru réagir contre les tendances actuelles. Grâce à ces transformations, la Ferté-Macé peut lutter contre les produits similaires fabriqués en lin par le Nord, alors qu'elle emploie surtout des fils de coton.

Ce qui manque à la Ferté — ce que Flers s'efforce de maintenir et de développer, — c'est un musée commercial, où les échantillons des tissus de coton employés dans les diverses contrées du globe serviraient aux tentatives des industriels pour se créer des débouchés nouveaux. Il y a un courant très prononcé en faveur d'une création de ce genre, les résultats obtenus par Flers sont de nature à la hâter.

Malgré la crise qu'elle a traversée, la Ferté-Macé n'en est pas moins en plein accroissement. Quand tous ses industriels seront entrés franchement dans les voies nouvelles, on verra sans doute augmenter encore la prospérité de cette intéressante et laborieuse ville.

Une autre cité ouvrière, Tinchebrai, complète la région de Flers. Ce n'est certes pas la moins intéressante ni la moins prospère des quatre villes du groupe. Elle a un caractère bien à part. Située à l'écart du chemin des villes d'eaux ou de bains de mer, elle est aussi la moins connue. C'est, pourtant, un des coins de la France où l'esprit d'ingéniosité particulier à notre race a atteint le plus haut degré. Une visite à Tinchebrai est une des choses les plus intéressantes qui s'offrent aux voyageurs dans la Suisse normande. C'est un des plus grands centres, le plus considérable peut-être, pour la quincaillerie ; c'est avec Méru-sur-Oise un des centres de préparation de la nacre ; avec Saint-Claude et Oyonnax une des grandes fabriques d'objets en corne. Enfin la ferronnerie y a créé des ateliers où se font de véritables œuvres d'art.

Malgré toutes ces sources d'activité, Tinchebrai offre une chose assez rare : un chemin de fer en partie abandonné, en partie exploité d'une façon très précaire ; prêt à voir, du jour au lendemain, ses rails livrés à la rouille. C'est une des pages lamentables de l'histoire des travaux publics dans notre pays. Alors que les grandes lignes reliant Paris à Brest, à Granville et à Cherbourg semblaient devoir, pour longtemps, sinon pour toujours, rester sans liens entre elles, de nombreuses petites compagnies d'intérêt local s'étaient créées : De Mamers à Saint-Calais, de Condé-sur-Huisne à Alençon, de Condé-sur-Noireau à Falaise, de Briouze à la Ferté-Macé, enfin de Montsecret à Tinchebrai, Sourdeval et Chérencé-le-Roussel. Puis est venue l'ère des grands travaux ; l'Ouest et l'État ont construit des lignes desservant les terminus des petites lignes d'intérêt local, et l'on a vu, peu à peu, diminuer les recettes et sombrer ces entreprises particulières. Quelques lignes, de Briouze à la Ferté-Macé, de Berjou à Falaise, ont eu la bonne fortune d'être incorporées dans le réseau de l'Ouest, les autres ont été amenées à la ruine ; actuellement elles sont exploitées en régie.

La plus triste aventure est celle du chemin de fer de Montsecret à Sourdeval et Chérencé-le-Roussel par Tinchebrai ; la création de la ligne de Vire à Avranches par Sourdeval lui a enlevé le trafic espéré de Flers au Sud-Ouest. La faillite est venue ; on a cessé l'exploitation entre Tinchebrai et Sourdeval ; actuellement le département de l'Orne exploite lui-même la partie la plus productive, celle de Tinchebrai à Montsecret. Mais il faut voir l'état de la ligne, les wagons à glaces brisées, à tentures déchirées, pour se rendre compte de la situation faite à cette petite voie. La débâcle a atteint la population, car les habitants de Tinchebrai avaient, à eux seuls, souscrit 900,000 francs pour la construction du chemin de fer. Ils feraient bien le sacrifice de leur argent, si on leur assurait le fonctionnement de la ligne, malheureusement il n'en est rien. Au moment où j'y passe, et du jour au lendemain, cette population industrieuse peut être privée de ce puissant moyen de prospérité. Et, cependant, on édifie, en face de la gare, une usine considérable, pour la quincaillerie. La question est vitale pour Tinchebrai, sa voisine Sourdeval, ville non moins industrielle, possédant une station entre Vire et Mortain, avantage énorme en cette époque de concurrence.

Tinchebrai est une bien petite ville, à laquelle la teinte grise du granit employé dans les constructions donne un aspect vieillot. Mais ses campagnes sont charmantes et son activité est grande. Le travail de la quincaillerie ne s'y fait pas encore en entier dans des usines ; de nombreuses maisons font travailler les ouvriers en chambre, ou les cultivateurs qui emploient les soirées et les jours de pluie. Tinchebrai alimente une grande partie de la France d'articles de serrurerie, d'outils pour les différents corps de métiers, de pièges à animaux malfaisants, d'objets de ferronnerie pour attacher les chevaux, les chiens, les animaux domestiques. Dans cette fabrication les industriels sont passés maîtres. A peine un outil ou un instrument est-il inventé en Amérique, en Allemagne ou en Angleterre, qu'il est aussitôt amélioré à Tinchebrai. Chez un de ces habiles inventeurs, M. Lelièvre, on fabrique en quantité des boules de cuivre destinées à être fixées à l'extrémité des cornes des bœufs pour empêcher ces animaux de se frotter aux arbres. La découverte d'une boule de ce genre sur une corne venue de la Plata, a amené cet industriel à fabriquer et à mettre en usage cet article.

Dans une maison on fait uniquement la ferronerie artistique ; bougeoirs, flambeaux, lustres, etc., en fer forgé. J'ai vu là des coffrets en fer qui sont des merveilles de patience et de goût. Au début le musée de Cluny fournissait des modèles ; aujourd'hui on est arrivé à produire des œuvres originales, d'un heureux augure pour l'éducation artistique de ce pays.

Mais c'est dans la fabrication des objets en écaille, peignes et chausse-pieds, que Tinchebrai est intéressant. On a souvent fait un tableau du nombre de mains par lesquelles passent une épingle ou une aiguille avant d'être livrée au commerce. Le nombre d'opérations nécessaires pour faire d'une corne informe et terne un objet brillant et translucide n'est pas moins étonnant. Dans une usine entièrement mue à la vapeur, située à l'entrée de la ville, on peut assister à une transformation prodigieuse.

La corne arrivée à l'usine, c'est-à-dire à pied-d'œuvre, est d'abord coupée à la scie mécanique, on l'expose ensuite à la flamme d'un foyer qui la ramollit et permet de la fendre et de l'ouvrir. De là elle passe dans une presse où elle s'aplatit, elle retourne au feu pour être définitivement dressée et coupée ; on l'envoie alors dans des cuves pleines d'eau où elle séjournera six semaines.

Ce bain achevé, on livre les plaques de corne à des ouvriers qui devront les gratter avec une plane, on les plonge de nouveau dans l'eau, on les presse à la vapeur, on les repasse au fourneau, on les remet en presse. Alors seulement on peut commencer à mettre la corne en œuvre.

On trace sur la plaque de corne l'objet à fabriquer ; une machine découpe ; une autre, une meule en *molette* munie de dents, la gratte pour la dégrossir ; une meule à l'émeri la dresse ; une machine fort ingénieuse fait les dents ; avec un grattoir on enlève les bavures.

De la main des hommes, le peigne passe alors dans celle des femmes qui le polissent au moyen d'une poudre de pierre ponce, le font sécher et, enfin, à l'aide d'une roue recouverte de peau de chamois, lui donnent un aspect brillant et transparent.

Ce n'est pas là moins de vingt opérations différentes. Quand on songe au bas prix des objets fabriqués, on reste confondu. Mais la division du travail a produit bien d'autres merveilles.

Cette industrie de la corne n'est pas moins florissante que la quincaillerie à Tinchebrai. Comme elle, elle se fait aussi chez les ouvriers, dans la ville et à la campagne. Chaque semaine, le samedi et le lundi, les ouvriers viennent chez les fabricants livrer leurs produits et chercher les matières premières. Ces jours-là, Tinchebrai présente une grande animation.

C'est chez des ouvriers en chambre, gagnant à peine cinq francs par jour, qu'ont été ciselés ces flambeaux, ces cadres à photographies et à glaces qui ont été si fort admirés à l'Exposition de 1889. N'est-ce pas un phénomène bien digne d'attention et bien encourageant pour l'avenir de nos industries d'art, que l'existence, dans des campagnes ignorées, d'ouvriers dignes des *Ymagiers* du moyen âge? Ne peut-on espérer que, le jour où l'on aura donné à ces artistes qui s'ignorent eux-mêmes une éducation artistique digne de ce nom, on verra renaître l'art délicat et charmant de la ferronnerie, trop abandonné aujourd'hui?

# XIV

## ANGERS ET LES ARDOISIÈRES

Les landes d'Anjou. — Arthur Young à Turbilly. — Origine de la Maine. — Angers et ses transformations. — Les ardoisières. — Ouvriers d'à-haut. — Ouvriers d'à-bas. — Sous les lue-vent. — Le droit de hottée. — L'apprentissage d'ardoisier.

*Angers.*

A Sablé, la vallée de la Sarthe devient tout à coup plus méridionale. Les anfractuosités des rochers montrent des chênes verts ; la vallée est aussi plus ouverte et plus lumineuse. On retrouve la clarté douce et les gais horizons des rives du Loir. La rivière est large, la navigation active ; les pommiers disparaissent pour faire place à la vigne. Le pays est charmant dans cette partie de l'Anjou ; mais combien il le paraît plus encore au voyageur venu par les tristes campagnes qui s'étendent entre la Flèche et Baugé ! Il y a là de tristes landes, en partie couvertes de bois de pins. Certes, elles ont reculé depuis le temps où Arthur Young venait en pèlerinage dans ces déserts, pour y rendre hommage à l'un des précurseurs de la science agricole, le marquis de Turbilly. On connaît ce passage touchant du récit du grand agronome anglais. Il avait lu un mémoire du marquis racontant les transformations qu'il avait fait subir à un domaine couvert de landes. Il savait vaguement que Turbilly était en Anjou, mais personne à Angers n'avait pu le renseigner : le marquis était mort, et l'on ne savait où étaient ses terres. Enfin, au moment où Young quittait l'Anjou, on lui dit à la Flèche qu'il y avait, non loin de là, un château de Turbilly, qu'un marquis de ce nom l'avait habité, y avait écrit des livres et était mort ruiné par ses expériences. Navré, Young entreprit cependant le pèlerinage, traversant entre la Flèche et le château trois lieues de landes. « Elles paraissent sans bornes », dit-il en parlant de ce plateau, aujourd'hui couvert de bois de pins. Il visita la propriété avec une « curiosité inquiète ». « Pas une haie, un arbre, un buisson qui n'eût pour moi de l'intérêt. » Le marquis de Galway, le nouveau propriétaire du domaine, l'accueillit à merveille. Young était rempli d'angoisse en apprenant que le marquis de Turbilly s'était ruiné, il croyait que l'auteur du *Mémoire sur les défrichements*, si populaire en Angleterre, avait perdu sa fortune dans ses travaux, il se sentit soulagé : le grand novatour avait perdu ses biens pour avoir voulu faire de la porcelaine et du savon. Young visita le domaine avec la ferveur d'un pèlerin. Parlant des peupliers plantés par le feu marquis de Turbilly, il s'écrie : « Que n'étaient-ce des chênes, pour garder aux fermiers voyageurs du siècle à venir le bonheur que j'éprouve en contemplant ces peupliers plus périssables ! » M. de Turbilly avait même planté des mûriers ; les pauvres gens du pays avaient fait jusqu'à vingt-cinq livres de soie. Déjà cette culture était abandonnée quand Young passa.

Les landes se prolongent jusqu'aux approches de Durtal ; elles cessent dans la vallée du Loir et, au delà de la rivière, ne se trouvent plus que par lambeaux épars. De ce côté la transformation est complète ; la vaste presqu'île entre le Loir et la Sarthe est un des plus riants pays de l'Anjou.

Cette région est curieuse par la rencontre des trois grandes rivières de l'Ouest ; la Sarthe, la plus abondante, coule en de vastes prairies allant heurter de rive en rive les collines qui ferment la vallée. A Briollay, les deux cours d'eau sont à moins d'un kilomètre l'un de l'autre, mais le Loir, au lieu de longer la colline pour atteindre la Sarthe, décrit un vaste méandre avant de se mêler à sa voisine. Les deux rivières réunies coulent avec lenteur dans des prairies d'une immense étendue, tel un lac de verdure, et reçoivent, à Écouflant, un bras de la Mayenne. Le nom des rivières disparaît, le large cours d'eau s'appelle désormais la Maine. Un autre bras de la Mayenne descend plus au sud, entourant une grande île, l'île Saint-Aubin, couverte de prairies.

Le site où se confondent les trois rivières est superbe. L'immense étendue des prairies, d'une horizontalité imprévue, donne la sensation de la mer.

Peu d'arbres, pas de maisons. Les collines, sur la marge de cet immense tapis, se dressent avec des formes gracieuses; quelques-unes, comme les hauteurs de Briollay, s'avancent en promontoire dans la plaine.

A peine le dernier bras de la Mayenne a-t-il rejoint le tronc commun, que la Maine arrive sous les ponts d'Angers.

On s'émerveille souvent de la transformation subie depuis moins d'un demi-siècle par Paris. Les percées de boulevards et de rues, le remplacement de vieux quartiers par d'autres remplis de palais, qui ont fait de la capitale la plus belle ville du monde, nous paraissent une œuvre sans rivale. La province n'a cependant rien à envier à Paris;

la transformation de ses villes n'a pas été moins profonde. Et ce ne sont pas seulement les très grandes cités comme Lyon, Marseille ou Lille, qui ont éventré leurs vieilles rues pour créer des voies monumentales, la plupart des cités de deuxième ou troisième ordre se sont transformées avec plus ou moins de bonheur et de goût.

Aucune n'a subi des modifications aussi profondes qu'Angers. La capitale angevine passait pour la plus sombre et la plus maussade des villes de province. On l'appelait la Ville-Noire. Les maisons étaient bâties en ardoises, ses rues elles-mêmes se creusaient dans la roche sombre. De hautes murailles noires l'entouraient et les maisons noires baignaient leurs pieds dans la Maine. Les remparts sont tombés, de larges boulevards les ont remplacés, plantés d'arbres, bordés de maisons élégantes en pierre blanche. L'intérieur de la ville a été éventré, des rues larges et droites, bordées de maisons monumentales y ont été construites, les rives de la Maine ont été bordées de quais. Au delà de l'ancienne enceinte, des quartiers neufs se sont élevés, gagnant sans cesse sur les admirables jardins qui font à la ville une verte ceinture. Aujourd'hui, Angers est, comme Nantes, la métropole de l'Ouest.

Je n'ai pas à décrire ici l'Angers monumental,

sa cathédrale, son musée, ses édifices; on trouvera cela dans tous les guides. Il m'a paru plus curieux d'étudier la capitale de l'Anjou par le rôle économique qu'elle joue dans l'Ouest.

Comme le Mans, sa voisine, Angers doit sa fortune au sol. Le sol renferme l'ardoise, celle-ci a fait d'Angers un grand centre industriel ; le sol alimente de chanvre ses belles filatures ; le sol de l'Anjou, si propice aux cultures délicates, a permis de répandre au loin le nom d'Angers par les produits de ses pépinières, ses légumes primeurs, ses fruits à liqueur et ses vins.

De tous ses produits, l'ardoise est certainement le plus célèbre : jusqu'au delà de Paris, dans tout l'Ouest, dans le Centre, tous les toits d'ardoises que l'on aperçoit ont reçu leur couverture des rives de la Maine. D'ailleurs, il n'y a guère que deux autres régions de la France où le schiste fissile soit exploité en grand : ce sont les rives de la Meuse, autour de Mézières, et les environs de Châteaulin en Bretagne, si l'on considère comme faisant partie du bassin d'Angers les exploitations du haut bassin de la Mayenne et de la Sarthe. Les autres exploitations que l'on rencontre dans le Cotentin, le Limousin, le Dauphiné, la Savoie et les Pyrénées sont comparativement de peu d'importance.

L'ardoise ne se rencontre que dans les terrains

de transition. Elle a été constituée par d'importants dépôts argileux qui ont subi une puissante action métamorphique ; c'est à cette action qu'on attribue la fissilité, c'est-à-dire la propriété de la roche d'ardoise de se séparer en minces feuillets.

Le banc argileux transformé en schiste ardoisier couvre dans l'Ouest une immense étendue, mais ce n'est guère qu'au confluent de la Maine et de la Loire qu'il a une épaisseur suffisante pour avoir fait naître de grandes exploitations. Malgré sa puissance, le banc angevin n'a été connu qu'au moyen âge. Au voisinage de l'air le schiste ardoisier se décompose, s'effrite, se transforme en une masse sans consistance qui se brise au premier choc. Les ouvriers d'Angers appellent *cosse* toute cette partie de la carrière, épaisse parfois de 18 mètres. C'est au-dessous de cette cosse qu'il faut aller chercher la roche exploitable.

On s'explique alors les énormes monticules de déblai et les immenses excavations des environs d'Angers. Le voyageur abordant la ville en venant de Tours par le chemin de fer est stupéfait par ces collines noires, faites de débris de roches et de morceaux d'ardoises qui, à partir de Trélazé, sur plus d'une lieue, bordent la voie.

L'impression ressentie à la vue d'une grande

ardoisière comme celles qui avoisinent la gare de Trélazé tient du vertige. On arrive soudain par des monticules de déblai, sur une terrasse bordée en certains points d'un frêle parapet; ailleurs, s'arrêtant net au bord de l'abîme. On voit se creuser un immense amphithéâtre de plus de 100 mètres de diamètre, de 40 de profondeur. Au fond apparaît la roche noire, l'ardoise, sur laquelle les ouvriers, qui travaillent à la détacher, apparaissent si petits, qu'ils évoquent l'idée d'une fourmilière. A cette profondeur, le jour atteint à peine ; c'est dans une pénombre rendue lugubre par la teinte noire de la roche que s'agitent les ouvriers. On entend monter en une rumeur indéfinissable la voix des hommes, le bruit des outils attaquant le rocher, celui des blocs qui tombent, puis, à de longs intervalles, l'explosion des mines. Mais un bruit domine tous les autres, c'est celui produit par le *bassicot*, caisse roulant au-dessous d'un câble et hissée à l'orifice au moyen d'un treuil à vapeur. La vue de cette caisse courant dans le vide produit la sensation de vertige dont beaucoup ne peuvent se rendre maîtres.

La roche abattue des parois, extraite de l'abîme, ou amenée du fond de galeries creusées comme celles des mines de houille, est montée au jour et aussitôt livrée aux ouvriers fendeurs, les ouvriers d'*à-haut*, comme on dit à Angers pour les distinguer des extracteurs ou ouvriers d'*à-bas*.

L'*à-haut* est la partie la plus curieuse de la mine. Le fond, l'*à-bas*, ressemble à beaucoup d'autres carrières, mais, au jour, on a une vie plus active. Sur les déblais courent des gamins, des apprentis lancés à la poursuite des visiteurs pour leur offrir des morceaux de schiste sur lesquels se montrent en relief des traces de pyrite de fer, aux vifs reflets métalliques. Ces enfants servent de guide. Avec eux on peut descendre dans l'abîme, au moyen des cages accrochées aux parois et de branlantes échelles.

Sur toutes les buttes se dressent des claies en paille, soutenues par de légers poteaux. Ce sont des *tue-vent* semblables d'ailleurs à ceux dont se servent les casseurs de pierre sur les routes. A l'abri de ces claies sont installés les ateliers des fendeurs.

La fente doit se faire sur place, l'ardoise ne possédant toute sa fissilité qu'au moment où elle vient d'être extraite de la carrière. Si l'on tarde quelque temps à refendre le bloc, il a perdu *son eau*, comme disent les fendeurs dans leur expressif langage. Jadis le bloc avait des dimensions restreintes, celles d'un fardeau qu'un homme peut monter sur son dos, d'où le nom de *hottée* qu'il porte encore. Mais l'extraction mécanique a permis d'atteindre des dimensions plus grandes. Le bloc est donc chargé sur un chariot et conduit jusqu'au fendeur. Là, au moyen d'un ciseau et d'un maillet, il est fendu d'abord en feuilles épaisses, celles-ci sont alors *repartonnées*, opération qui consiste à diviser la dalle en fragments épais, mais de la surface d'une ardoise. Pour se livrer à ce travail sans se blesser, le fendeur a d'énormes sabots massifs, pouvant supporter le poids de la pierre. Autour de ses jambes, il enroule des chiffons qu'il lie avec une corde. Ainsi prémuni contre les accidents, il peut commencer le fendage. Il place le fragment de schiste entre ses jambes, puis, armé de ciseaux très minces et d'un maillet, il le frappe sur la tranche; le schiste se fend et l'on voit un feuillet, un *fendis*, se détacher.

Il faut maintenant donner à l'ardoise sa forme et ses dimensions. Un autre ouvrier se sert pour cela d'un *dolleau,* couteau en fer très lourd, dont l'extrémité est passée à un anneau et qui se rabat contre le rebord d'un billot. L'appareil fait une section très nette, dès que cette section est obtenue, on place la tranche contre une tringle qui détermine la dimension définitive de l'ardoise; un nouveau coup de dolleau abat les parties qui débordent.

Ces opérations se font avec une rapidité extrême. Les ouvriers ont d'ailleurs intérêt à aller vite, car ils sont payés à la tâche. La moyenne paraît être de 4 fr. le mille. Le prix varie naturellement ; pour les grandes dimensions, il peut dépasser 6 fr. le mille et descendre à 1 fr. 50 c. pour les petites.

D'après le tarifs actuels, qui sont de 15 p. 100 plus bas que ceux d'il y a cinq ou six ans, par suite de la diminution des affaires, les ardoisiers d'*à-haut* peuvent gagner de 2 fr. 75 c. à 3 fr. 50 c. par jour, ceux d'*à-bas* peuvent arriver à 3 ou 4 fr. Sur ces salaires est faite une retenue d'un centime par franc pour les soins donnés par les médecins de la compagnie en cas de blessures, le traitement de 1 fr. 10 c. qui leur est donné en cas de maladie, et enfin la retraite de 156 fr. par an à laquelle ils ont droit après trente années consécutives de travail.

En outre les ouvriers d'*à-haut* ont droit, même en cas de maladie, à 70 cent., 1 fr., 1 fr. 50 c. ou 2 fr. par semaine à titre de *hottée*.

La hottée est le seul reste des coutumes curieuses des ardoisières. Elle remonte aux temps primitifs de l'exploitation, quand la pierre était portée aux fendeurs à dos d'homme, au moyen d'une *hotte* dite hotte-à-cartiers. Comme la pierre était impatiemment attendue par les fendeurs, ils avaient été amenés, pour empêcher les tours de faveur, à organiser des distributions régulières, ce qu'ils appelaient *droit d'ouvrier de l'état*. Les distributions se faisaient par quatre hottées à la fois, quantité que contenait le bassicot remontant de la carrière. Mais par un de ces privilèges bizarres comme on en trouve tant dans les corps de métiers au moyen âge, tout ouvrier ayant des enfants mâles avait droit, sous prétexte d'apprentissage des garçons, à des hottées supplémentaires. Ainsi, un ouvrier ayant un enfant de neuf ans, recevait trois hottées supplémentaires; un enfant de six ans rapportait deux hottées de plus. Mais les filles, quel qu'en fût le nombre, ne donnaient pas droit à la moindre hottée.

Il se produisait alors ceci, c'est que l'ouvrier doté de ces nombreuses hottées ne pouvait les refendre toutes, il affermait donc celles qu'il ne pouvait fendre, moyennant 2 fr. par semaine environ pour chaque hottée. C'était là, pour les pères de famille, une précieuse ressource, d'autant plus précieuse que les malades et les infirmes conservaient leurs droits à ces hottées.

Comme toujours en ces matières, l'abus se produisit. On vit le droit de hottée s'attacher aux enfants, alors même qu'ils n'apprenaient pas le métier de fendeur; tout ouvrier qui avait un intérêt quelconque dans une carrière prétendit au droit de hottée. M. Blavier, aujourd'hui sénateur, qui écrivait, en 1863, une curieuse monographie des ardoisières, relève ce fait qu'en 1817, à la carrière de Fresnais, sur 80 ouvriers qu'elle comptait, 15 de ces ouvriers intéressés, non fendeurs, s'arrogeaient deux hottées de faveur. On signalait des fils de fendeurs, devenus orfèvres, huissiers ou marchands et continuant à recevoir la hottée. Il fallut un règlement d'administration publique, rendu en 1823, pour faire cesser ces privilèges et ramener la hottée aux limites modestes qu'elle offre aujourd'hui.

A-bas il y avait des privilèges non moins bizarres, aujourd'hui disparus. Pour être admis à travailler dans cette partie de la carrière, il fallait, nous apprend encore M. Blavier, être d'une famille *d'ouvriers de foncée*, de *bout de barre*. Un maître était chargé de dresser l'apprenti. Vers quinze ans, celui-ci étant devenu assez habile, on l'admettait au *guérage* moyennant une somme de 15 fr.

C'était une véritable cérémonie. Tous les ouvriers d'à-bas y assistaient en sabots de travail, tête nue. Toute infraction était punie d'une amende d'un pot de vin blanc.

Le parrain guêtrait la jambe droite, la marraine la jambe gauche, au moyen de morceaux de feutre en croix attachés par une ficelle. Il y avait des rites pour l'opération. En cas d'erreur, parrain et marraine donnaient un pot de vin de deux litres, peine qui atteignait aussi celui qui parlait pendant qu'on sacrait le chevalier de l'ardoise.

Ce dernier devait alors aller à la cantine chercher du tabac de trois qualités pour les ouvriers; on buvait les 15 fr. du néophyte, les amendes et 15 litres de vin blanc par homme guêtré, que devaient fournir les exploitants.

Là ne se bornaient pas les frais d'initiation. M. Blavier énumère les diverses taxes à payer par le guêtré jusqu'à ce qu'il fût élevé au rang d'ancien. Lorsqu'il était initié au travail d'*emmanchure* des pointes, il devait un pot de vin; 6 fr. quand il savait porter la hotte; 6 fr. « quand il savait convenablement remuer les pieds dans le travail du rangement des écots », consistant à rendre nette sur la carrière la trace de la cassure d'un bloc abattu; 6 fr. quand il était admis à entrer dans une bande d'ouvriers; 8 fr. lorsque, après le guêtrage, il commençait sa première foncée, c'est-à-dire l'ouverture d'un banc d'ardoise; 4 fr. à la 2ᵉ foncée ; 4 fr. pour la 1ʳᵉ cuve, ou réservoir creusé dans la carrière pour recueillir des

eaux que les pompes enlèveront ; 2 fr. pour la 2ᵉ ;
1 fr. pour la 3ᵉ ; 60 cent. ou un pot de vin pour le
premier pingeot ou petite cuve ; 60 cent. à la
« première barbe » du guêtré ; enfin, 1 fr. 55 c.
au jour de son mariage.

Ce n'était pas tout : le guêtré subissait des retenues considérables sur son salaire à certaines époques ; de telle sorte que l'apprenti rapportait à l'équipe dont il faisait partie 188 fr. 75 c., qui passaient en vin blanc. Le *bon temps*, disent encore les ouvriers.

Ce bon temps n'est plus. Des mesures administratives, dont la plus importante remonte au 26 fructidor an 11, ont supprimé le guêtrage.

# XV

### ARDOISES ET PRIMEURS

La commission des ardoisières. — Droit de forestage. — Dividende en nature. — État actuel de l'industrie. — Dans les pépinières. — Les légumes primeurs. — Les Léonais en Anjou.

*Trélazé.*

On a souvent présenté comme une tentative peu compréhensible pour nous autres Français, l'association des brodeurs de Saint-Gall, en Suisse, créée dans le but de fédérer les intérêts des fabricants et des commerçants, de régler les heures de travail, les diverses catégories de salaires, en un mot l'organisation entière de leur industrie, de la production à la vente. Cependant, les brodeurs de Saint-Gall n'ont fait que reprendre une idée française; les chaufourniers de la Sarthe et de la Mayenne l'avaient un moment mise à exécution; depuis 1827, elle préside au commerce des ardoises à Angers.

A Angers seulement, car les grandes exploitations de Chattemoue dans la Mayenne et de Combrée sont restées indépendantes, tandis que Renazé, entre Pouancé et Château-Gontier, qui occupe 1,500 ouvriers, fait encore partie de la commission. A Angers même, deux *fonds*, ceux de la Grande-Maison et de Pont-Malembert, travaillent à part. Mais les six fonds principaux, la Paperie, les Fresnais, les Grands-Carreaux, les Petits-Carreaux, l'Ermitage et Montibert se sont groupés en une *commisssion des ardoisières* qui a donné à l'industrie un essor inouï.

L'exploitation et la vente étaient jadis entravées par la bizarre organisation des carrières. Si les ouvriers avaient leurs règlements monstrueux, les exploitants en avaient de non moins abusifs, basés surtout sur le *forestage*, c'est-à-dire sur les redevances en nature données soit au propriétaire du sol, soit aux divers commanditaires de l'entreprise. Le sol où sont creusées les ardoisières appartenait, en très grande partie, à des congrégations religieuses. Celles-ci purent donc facilement imposer un *forestage* excessif. M. Blavier signale le cas où le propriétaire du sol avait droit, sans avoir consacré un sou aux travaux, de la huitième à la quinzième partie des ardoises fabriquées. A mesure que l'exploitation devenait plus difficile, le droit de forestage était plus lourd. Aussi, vers 1740, obtint-on du roi un arrêté abolissant le forestage et le remplaçant par une véritable expropriation à des prix fixés d'avance. Ce système, qui, d'ailleurs, ne produisit pas tout ce qu'on en attendait, persista jusqu'à la Révolution ; la loi sur les mines vint faire rentrer les ardoisières dans le droit commun.

Le plus grand mal, pour les ardoisières, était dans l'organisation même du travail. Les sociétés d'exploitation ne répartissaient pas leurs bénéfices, mais livraient à chaque membre de la société — ce que nous appellerions des commanditaires — les produits en nature. Chacun vendait ses ardoises sans se préoccuper du voisin, les uns à vil prix, les autres plus cher. Le bénéfice était au plus habile et surtout au moins besoigneux. De là, entre les associés, une concurrence effrénée, des querelles qui avaient pour résultat la ruine des sociétés. On s'explique facilement que certains statuts aient dû prévoir le cas où les assemblées seraient troublées par des querelles et menacer les délinquants de pénalités.

On a été amené, depuis le commencement de ce siècle, à créer des sociétés plus en rapport avec nos mœurs commerciales. Il ne reste guère du passé que le titre de *clerc*, donné au commis chargé des écritures de la carrière. Les ventes se sont faites en commun et les bénéfices ont été répartis au prorata des apports de chaque participant.

Mais, si la concurrence entre porteurs de part avait cessé, elle existait, non moins forte, entre les divers fonds. Les marchands d'ardoises en profitaient pour édifier leur fortune sur les ruines des exploitations.

De 1792 à 1837, on ne comptait pas moins de vingt carrières ruinées, ayant englouti près de deux millions. De cette situation est née la commission des ardoisières. Dès 1820, quatre carrières se groupaient ; en 1825, nouveau groupement de quatre carrières et un autre de trois. Enfin, en 1827, le 1<sup>er</sup> janvier, commença la marche de la commission.

Désormais, l'industrie ardoisière était à l'abri des intermédiaires, commissionnaires et marchands ; elle pouvait dicter les conditions, au lieu d'être à la merci d'une clientèle de première main qui prélevait la plus grosse part des bénéfices. Assurées de l'avenir, les sociétés purent développer leur production. En 1828, la fabrication atteignait 38 millions d'ardoises seulement ; en 1860, elle s'élevait à 200 millions ; elle atteignait 215 millions en 1884. Le nombre des ouvriers *d'à-haut* atteint, suivant les saisons, de 1,000 à 1,500, celui des ouvriers *d'à-bas* de 600 à 800. En

1888, on a compté 2,537 ouvriers sur les chantiers ; on a donné en salaires 23,561,161 fr. Mais le nombre des ardoises a diminué ; il n'avait atteint que 179,862,000. La crise de la construction y est sans doute pour beaucoup, mais il faut aussi y voir le contre-coup du progrès de l'industrie des tuiles mécaniques. Celle-ci est arrivée à donner à bas prix des produits d'une grande légèreté et s'attachant facilement.

Angers possède cependant encore des débouchés très considérables. Si mauvais que soit le régime de la Loire, elle n'en est pas moins à la descente d'un précieux secours. Un grand nombre de villes importantes sont mises en communication par eau avec les ports de la Maine ; Laval, Mayenne, Sablé, la Flèche, le Mans, Saumur, Tours, Nantes, Saint-Nazaire, n'emploient guère que l'ardoise d'Angers comme couverture. Par le cabotage, toute la côte de Bretagne et de Normandie peut également se procurer les ardoises à bon marché. Enfin, Paris en reçoit une énorme quantité par le chemin de fer.

La *commission* des ardoisières, à laquelle on doit ces résultats, n'intervient pas dans l'exploitation, mais elle a créé deux établissements intéressants : une scierie mécanique pour le travail des grandes plaques d'ardoises servant à faire des tables, des cheminées, etc., et une tréfilerie et câblerie de fil de fer destinées à fabriquer des câbles de toute sécurité pour l'exploitation des carrières. J'aurais voulu visiter ces établissements, mais la commission veille avec un soin jaloux sur ce qu'elle croit être des indiscrétions. Je n'ai obtenu aucun renseignement sur son fonctionnement. Il m'a fallu frapper à d'autres portes, et surtout mettre largement à profit la notice de M. Blavier pour étudier cette belle et curieuse industrie.

Des mottes de déblais, noires et lugubres, qui couvrent le terrain des ardoisières, on voit, par delà les autres monticules où se fend l'ardoise, une campagne verdoyante, s'élevant en pentes douces jusqu'à une ligne de hauteurs terminée en un plateau dont le bord est comme un retranchement gigantesque. On l'appelle le camp de César; elle ferme la presqu'île formée par la Loire et la Maine. Cette étroite plaine et ces pentes sont le pays agricole le plus riche de France, plus riche même que la belle région de Bourgueil.

Les pépinières et les cultures maraîchères font la fortune de ce coin de l'Anjou. Angers est la terre classique des pépiniéristes pour la plante d'appartement et les plantes de pleine terre, comme Orléans pour l'arbre forestier et l'arbre d'ornement.

Les pépinières d'Angers ne paraissent pas avoir une origine aussi reculée que celles d'Orléans. Les grandes maisons de la place, dans leurs historiques, ne font guère remonter leur création à plus de cent ans. Encore n'est-ce que depuis le milieu du siècle seulement que les petits établissements d'horticulture se sont changés en grandes exploitations. Deux causes ont amené ces progrès : la création des chemins de fer, qui a permis d'envoyer au loin les plantes vivantes ; et l'acclimatation d'espèces nouvelles. En 1848, un agent de la maison André Leroy, M. Baptiste Desportes, était envoyé en Amérique pour y créer des débouchés et y chercher les plantes pouvant être cultivées sous notre climat. Il réussit au delà des espérances. L'exemple fut suivi ; Angers, mis en possession d'un marché énorme et doté de plantes ornementales, ne cessa de se développer. C'est par centaines d'hectares que l'on compte aujourd'hui les pépinières.

Le sol et le climat sont très propices à ces cultures. Le voisinage de la mer, dans une partie de l'Océan parcourue par le gulf-stream, donne à l'Anjou une humidité tiède et une température d'un remarquable caractère d'égalité.

Les habitudes des cultivateurs, l'espèce de jardinage auquel ils se livrent dans le val de Loire avaient préparé la population à ces travaux quelque peu minutieux. En outre, dès les premiers succès, les horticulteurs comprirent le côté scientifique de leur tâche ; les enfants furent élevés avec soin dans les écoles spéciales, ils devinrent à la fois des botanistes distingués et des hommes d'affaires habiles. M. André Leroy, fils d'un simple jardinier, fut le chef d'une maison dont les pépinières couvrent 200 hectares. Il écrivit un dictionnaire de pomologie qui ne compte pas moins de six volumes. Un homonyme, M. Louis Leroy, conseiller général, également fils de petit horticulteur, est le porte-parole autorisé de l'horticulture française dans les grands congrès. Et combien d'autres que l'on pourrait citer !

A côté des grandes maisons, il y a une multitude de maisons secondaires se livrant généralement à une culture particulière. L'une ne fait que des œillets, d'autres se bornent aux renoncules, celle-ci a des collections de diclytras remarquables ; ailleurs, ce ne sont que des tulipes, plus loin, des jacinthes. Au printemps, ces vastes enclos fleuris sont d'une inexprimable splendeur.

L'accroissement continuel de la ville d'Angers morcelle malheureusement les grands domaines de l'horticulture. Vers le sud se prolonge incessamment la cité ; ses rues, ses boulevards s'étendent chaque année au détriment des pépinières. Celles-ci ont été percées d'avenues peu à peu bordées de maisons. Les établissements horticoles s'en vont donc au loin ; pour quelques-unes d'entre eux, la visite est une excursion de longue haleine.

Mais on est bien payé de sa peine. Ces jardins sont merveilleux. Des étendues de plusieurs hectares sont consacrées à des plantes qui, sous le climat de Paris, ne sauraient résister aux hivers. Elles sont là en pleine végétation. Des champs de camélias, d'azalées, de rhododendrons, de gardénias, de ficus, de dracénas, plantes de parterre ou d'appartement, se succèdent.

Au moment de la floraison des camélias, certaines pépinières sont des merveilles.

Avant le terrible hiver de 1879-1880, les pépinières d'Angers offraient de magnifiques allées de magnolias qui ont été entièrement détruites ; aujourd'hui de nouvelles plantations ont été faites ; déjà les allées reconstituées donnent de l'ombre et étalent, en juin, leurs énormes fleurs odorantes, d'un blanc satiné.

C'est à Angers que l'on prépare ces pieds de lilas rouges dont les horticulteurs parisiens font un si grand usage pour faire.... des lilas blancs.

Les pieds de lilas obtenus dans la plaine angevine sont plantés à Paris, dans des caves obscures, tenues à une température douce ; la végétation se produit rapidement, mais les bourgeons privés d'air et de lumière donnent naissance à des tiges étiolées d'un blanc verdâtre et maladif ; la fleur devient d'un blanc de neige.

La douceur du climat permet d'obtenir un grand nombre de plantes des pays chauds. C'est ainsi que le palmier de Chine, aux larges feuilles étalées, fructifie en plein air ; ses graines sont bonnes pour la reproduction. Mais la merveille des plantations d'Angers, c'est la culture des azalées. En avril et mai, les champs couverts d'azalées sont éblouissants.

Là où les froids sont à craindre, où les jeunes plants sont peu résistants, des tuyas, taillés en forme de paravent, abritent les cultures ; ce n'est pas le côté le moins curieux de ces établissements que ces interminables murailles vertes, au pied desquelles croissent les délicates fleurettes.

Si Orléans produit surtout le rosier franc de pied, Angers ne lui cède guère pour le rosier à haute tige. Dans la ville même, au faubourg Bressigny, tout au bord du chemin de fer de Paris, un champ de rosiers couvre cinq hectares. Pendant la floraison, c'est une orgie de fleurs et de parfums, un de ces rosiers dont parle Banville, « si bien étouffés sous les feuilles, chargés, accablés, noyés et dérobés sous les fleurs, qu'ils ressemblent à ces méchants rosiers d'opéra-comique, brossés par des vitriers ivres de roses ». A l'autre extrémité de la ville, au Grand-Jardin, est un champ de rosiers non moins vaste

Plus considérable encore est la culture des jeunes arbres fruitiers, forestiers et d'alignement, mais elle frappe moins les yeux, car on n'a plus ici la splendeur florale. C'est cependant une des richesses de la banlieue d'Angers. Les pépinières ont dépassé de beaucoup les limites immédiates de la ville pour s'installer au loin, partout où le sol se prête à cette culture. Près de Brissac, aux Alleuds, j'ai parcouru des plantations de 50 hectares couvertes de plants d'arbres fruitiers. La variété est grande : un catalogue me donne le nom de près de 400 espèces de poiriers, indépendamment de 600 variétés non énumérées, 600 variétés de pommiers, 1,500 de rosiers, 150 de pruniers, 475 de vigne, 219 de rhododendrons. Camélias et azalées remplissent des colonnes du catalogue.

Ce commerce est considérable. Les petits pépiniéristes ne font pas leurs affaires au dehors. Des marchands venus de Paris, de Lyon, des grandes villes de l'étranger font leurs achats sur place. Ils viennent chaque année visiter les pépinières et faire leurs commandes.

Mais les grandes maisons ont des agents à l'étranger ; l'une d'elles a même une succursale à New-York. Celles-là vendent dans le monde entier. D'après des chiffres que j'ai pu me procurer, la valeur des exportations atteint 200,000 fr., celle du commerce intérieur de 600,000 à 700,000 fr. Mais bien des chiffres restent inconnus, notamment celui des achats sur place faits par les commerçants du dehors.

Une autre culture intéressante est celle des primeurs. Dans la banlieue d'Angers, partout où l'on ne trouve pas de pépinière, on rencontre des cultures d'artichauts ou de choux-fleurs, produits pour le marché de Paris. Les maraîchers ne vendent pas directement leurs produits ; ils les envoient par l'intermédiaire des marchands de Roscoff et d'autres centres du Léonais. On sait que les cultivateurs de la petite ville bretonne approvisionnent Paris pendant l'hiver ; mais on ignore que, sitôt la culture terminée à Roscoff, ils viennent à Angers ; leurs femmes restent à Paris pour la vente. Eux, parcourent les jardins angevins, achètent sur place, chargent sur leurs charrettes et transportent à la gare. Pendant les mois de mai et de juin, on expédie chaque jour jusqu'à 50 wagons. Quand les choux-fleurs, les petits pois et autres légumes sont expédiés, commence le commerce des artichauts. Une fois la campagne finie, les gens de Roscoff rappellent leurs femmes et rentrent dans leur pays pour commencer les cultures.

La gare d'Angers est fort animée pendant le mois de mai. Les voitures de choux-fleurs arrivent sans relâche dans la cour des messageries, le long des voies. Des femmes reçoivent les choux et les empilent dans les wagons avec des soins minutieux, car il importe que les beaux légumes ne perdent rien de leur fraîcheur. C'est une activité incessante. Chaque jour part un train emportant aux halles parisiennes les produits de l'horticulture angevine.

Là ne se borne pas l'activité de ces belles campagnes de la banlieue d'Angers. La plupart des industries de la ville sont filles du sol : les grandes filatures et corderies, les fabriques des vins mousseux d'Angers obtiennent leurs matières premières, grâce à ce doux climat et à ces terres fertiles ; mais c'est surtout la grande industrie des liqueurs et des fruits confits qui doit sa prospérité à la fertilité du sol. Sans l'admirable végétation des arbres à fruits sur les rives de la Loire et de la Maine, qui donc connaîtrait ce *guignolet* dont les Angevins sont si fiers et qui est pour leur ville un titre de gloire, comme les madeleines pour Commercy, les pâtés d'alouettes pour Pithiviers et le nougat pour Montélimar ?

# XVI

## LE GUIGNOLET ET LE VIN D'ANJOU

La Roche-de-Mure. — Les Ponts-de-Cé. — Guignes et Guignolet. — Culture du cassis. — Les vins d'Anjou et le phylloxéra. — Brissac et son château. — La vallée du Layon. — Un évêque vigneron. — Le Pont-Barré. — Aux bords du Louet

### La Roche-de-Mure.

J'écris ces lignes assis au pied d'une pyramide qui rappelle un des grands drames de la guerre de Vendée. Le monument se dresse au bord d'une haute falaise dominant un des bras de la Loire, le Louet. Au delà une île immense, couverte de villages et de hameaux, puis d'autres îles entourées par les grands bras de la Loire. En face, sur la rive droite du fleuve, Sainte-Gemmes en amphithéâtre sur les pentes du camp de César ; plus loin les noires tours du château d'Angers, les flèches de la ville surgissant des toits noirs, puis, entre les collines, s'ouvrant largement, l'immense plaine où se confondent les grandes rivières qui formeront la Maine. Au couchant le village de la Pointe, baignant ses maisons blanches dans la nappe étincelante des eaux, là où se mêlent la grande rivière et le grand fleuve.

Mais ce qui attire surtout le regard, c'est l'étrange ville des Ponts-de-Cé, ni terrestre, ni lacustre, allongée sur une interminable chaussée traversant le fleuve et les îles pendant trois quarts de lieue. Les Ponts-de-Cé ont perdu beaucoup de leur caractère depuis que l'on a remplacé les arches antiques séparées par des piles aux éperons saillants, par sept ponts de fer ou de pierre d'un caractère quelconque. Il ne reste des monuments de l'antique cité que ses églises et le château dressant sur l'Ile-Forte, étroit îlot, un donjon octogonal dont le toit d'ardoises est supporté par une galerie à mâchicoulis; dans la première île, entre l'Authion et la Loire, est Saint-Aubin, le premier quartier de la ville; le quartier central est au delà de l'Ile-Forte, dans une île que traverse le chemin de fer de Poitiers; enfin après le grand bras de la Loire, dans l'île principale est Saint-Maurille. Entre les deux quartiers se dresse, sur le parapet du pont, la statue de Dumnacus, assez informe grossissement de la belle statuette du chef gaulois que David d'Angers a placée sur le monument du roi René à Angers. Grâce à cette statue, le souvenir du héros de l'indépendance gauloise qui tenta d'enlever l'Ouest aux Romains est devenu populaire.

Que de batailles sur cette immense chaussée des Ponts-de-Cé, depuis les origines de l'histoire! Cette route aujourd'hui sans grande importance, depuis que les chemins de fer traversent le fleuve et que les ponts ont été jetés sur un si grand nombre de points, fut, jusqu'aux premières années de ce siècle, d'un grand intérêt stratégique. Sur l'étroite chaussée des anciens ponts, toutes nos luttes intestines ont eu leur contre-coup. La Ligue, la Fronde, la Vendée, en ont fait des champs de bataille. Les bataillons d'Angers y furent écrasés en 1793.

C'est ici, à la Roche-de-Murs, qu'eut lieu le plus dramatique incident de cette ardente guerre. Un bataillon laissé en grand'garde sur le rocher fut entouré par les Vendéens. Sommés de se rendre les *Bleus* s'y refusèrent et se jetèrent dans le Louet, aux cris de *Vive la République!* Parmi ces héros se trouvait la femme d'un officier. Les Vendéens lui offrirent la vie, elle préféra se précipiter dans l'abîme avec son enfant.

La grande île qui s'étend au-dessous de la falaise entre le Louet et la Loire est un immense verger, couvert en grande partie de cerisiers à guigne, portant ces cerises noires et aigres qui, à Angers, servent à fabriquer le guignolet. La légende fait remonter très haut l'origine de cette liqueur. Elle aurait été inventée, au moyen âge, disent les Angevins, par les religieuses d'un couvent de Bénédictines. Quoi qu'il en soit, depuis que des négociants habiles ont su exploiter la légende, la fabrication du guignolet a pris des développements extraordinaires et a apporté dans la culture des arbres des progrès profonds. On en pourra juger par ce fait que l'on évalue à 500,000 kilogr. par année la quantité de cerises récoltées dans le département de Maine-et-Loire. Un seul liquoriste, M. Cointreau, en emploie 200,000 kilogr. et vend à la pharmacie 1,200 kilogr. de queues de cerises.

Toutes les guignes ne sont pas employées sur place. Les Anglais, grands amateurs de fruits aigres, viennent s'approvisionner sur le marché d'Angers; leurs acheteurs parcourent toute la campagne à la recherche de ces fruits. Le prix varie entre 40 et 45 fr. par 100 kilogr., on peut donc évaluer à plus de 200,000 fr. le produit des arbres à guignes cultivés dans la partie de l'Anjou qui borde la Loire.

Encore les guignes angevines ne suffisent-elles plus, l'Angoumois et les environs de Bordeaux sont mis à contribution et envoient à Angers une grande quantité de fruits.

En faisant naître l'industrie du guignolet, la guigne a naturellement amené le développement du commerce des liqueurs. C'est ainsi que le cassis est une des branches de l'industrie. La culture de l'arbuste à cassis est devenue aussitôt très importante : toute la vallée de la Loire à l'Est d'Angers, entre l'Authion et le fleuve, est couverte de plantations. La culture produit aujourd'hui 300,000 kilogr. vendus à 60 fr. les 100 kilogr. Les Anglais sont encore venus, ils emploient pour leurs confitures d'immenses quantités de cassis verts, qu'ils font acheter à Angers; les envois se font dans de petits paniers.

Des achats pour Londres se font avec tant d'ardeur que les liquoristes se sont vus menacés de ne plus avoir de fruits; ils ont essayé alors de faire la culture en grand, mais ces essais n'ont pas donné les résultats attendus, les journaliers ne mettent jamais, à surveiller les plantations, le soin des propriétaires. On a donc transformé la méthode, on a passé des traités avec les cultivateurs en vertu desquels ceux-ci livrent leurs produits pendant plusieurs années. Le prix est invariablement fixé pour toute la durée du contrat, 40 fr. les 100 kilogr., quelle que soit la quantité fournie. On m'a signalé un propriétaire consacrant à lui seul 15 hectares au cassis.

Les fruits à l'eau-de-vie sont également entrés dans le commerce angevin. Chaque année la confiserie de fruits y emploie 500,000 kilogr. de prunes; mais ce fruit n'est pas toujours sans tavelures en Anjou, aussi Agen est-il devenu un grand pourvoyeur pour Angers; par contre, la prune abricot, employée verte, donne d'abondants produits, ainsi que l'abricot.

Ce n'est pas seulement Angers qui se livre à cette fabrication de liqueurs et de fruits à l'eau-de-vie, Saumur et Chalonnes possèdent aussi des maisons importantes.

La vigne complète ces cultures délicates. On sait la réputation des vins d'Anjou; malheureusement le phylloxéra est venu, une grande partie des vignobles est menacée; les admirables coteaux de la Loire et du Layon sont déjà dévastés; si l'on ne se hâte pas d'employer la greffe sur vigne américaine, les grands crus auront vécu. Il est d'autant plus étrange que l'Anjou soit resté en dehors de la campagne de reconstitution de vignobles, que les pépinières devraient fournir des greffeurs habiles. C'est une belle partie de la richesse nationale qui se trouve compromise; si le climat doux, mais de température souvent trop tempérée, ne permet guère de compter sur des vins fins qu'une année sur 10 ou 12, au moins ces vins atteignent-ils des prix assez élevés pour rémunérer largement le vigneron; mais si la vigne languit soit par les atteintes du phylloxéra, soit par celles du mildiou, les belles années ne se reverront plus.

C'est pitié de voir ainsi s'en aller une des richesses du sol. Ce doux pays d'Anjou est si aimable, avec ses belles cultures, les molles ondulations de ses collines, ses grandes îles boisées remplies de hameaux enfouis sous la verdure; les pentes plantées de vignes contrastent si heureusement avec les fonds de vallées remplies d'arbres fruitiers que la disparition d'un seul des éléments du paysage en détruirait l'harmonie. Les collines rocheuses, où le schiste noir se dresse au milieu de la nappe verdoyante des vignes, seraient lugubres une fois leur manteau disparu. Hors la vigne rien ne saurait y croître.

Ici, en arrière de la Roche-de-Murs, tout le plateau est un immense vignoble, produisant des vins fort recherchés par les distillateurs de cognac et les fabricants de champagne de Saumur. On peut aller par les vignobles jusqu'à Brissac, si fièrement campé sur sa colline, en face du majestueux château des ducs de ce nom. Une petite rivière, l'Aubance, sépare le château de la ville. Sa vallée étroite, profonde et sinueuse est une des plus pittoresques de l'Anjou.

Toute cette région est d'ailleurs fort accidentée, mais le coin le plus curieux est la vallée du Layon ; par le chemin de fer on l'atteint au-dessus de Thouarcé, d'où une ligne spéciale, pour laquelle on a rêvé jadis un grand avenir, conduit à Chalonnes ; ce devait être une ligne de Nantes à Poitiers. L'idée est aujourd'hui abandonnée, le projet ne s'est réalisé qu'en partie, la ligne relie uniquement Chalonnes à Montreuil-Bellay. Elle pouvait avoir un rôle assez important à remplir en transportant les vins de la vallée du Layon, malheureusement le phylloxéra détruit le beau vignoble, le chemin de fer est donc réduit à la portion congrue.

De Perray-Jouanet, où la ligne de Chalonnes s'embranche sur celle d'Angers à Poitiers, jusqu'à Beaulieu, on ne rencontre que des vignobles ; un des plus beaux, planté près de la station, est l'œuvre de l'ancien évêque d'Évreux, M<sup>gr</sup> Grolleau. Il a transformé en vignes d'anciennes carrières où, dans son adolescence, il travaillait comme manœuvre ; c'est là que le curé de Chavagnes vint le chercher pour l'envoyer au séminaire. Le prélat avait gardé pour son village natal une affection profonde; il venait d'achever une maison au milieu de ses vignes en plein rapport, quand il mourut.

Ce petit pays est riant; si la mode songeait à lui, peut-être deviendrait-il un lieu de rendez-vous pour tout l'Ouest. Perray-Jouanet et Thouarcé possèdent des sources minérales que l'on dit excellentes, mais on n'y va guère.

Jusqu'au-dessous de Beaulieu, la vallée conserve un caractère agreste; la pente tournée vers le sud est couverte de vignes, l'autre de prairies et de cultures. A Beaulieu la vallée se creuse, au Pont-Barré elle est même devenue une véritable gorge. La route d'Angers à Cholet y traverse la rivière sur un vieux pont qui, lui aussi, fut le théâtre d'une lutte tragique pendant la Vendée. Alors que les Vendéens, qui venaient d'écraser Canclaux à Torfou, marchaient sur Angers, 1,200 soldats de la République et 100 gardes nationaux de la ville se firent tuer jusqu'au dernier pour empêcher le passage. Est-ce le souvenir de cette lutte, est-ce le ton sombre des roches? cette entrée de gorges du Layon paraît sinistre.

La vallée se creuse plus profondément encore; la rivière, devenue large et profonde, décrit de grands méandres que suit le chemin de fer. Elle atteint le chemin de fer de Cholet en avant de Chalonnes, près de collines calcaires trouées de carrières.

A Chalonnes, on retrouve le Louet : ce bras de la Loire, calme et tranquille comme une rivière de l'Ile-de-France, est un des charmes de la campagne angevine. Alors que le fleuve traîne ses eaux dans un large lit semé de bancs de sable, le Louet, enfermé entre deux rives bordées d'arbres, coule au milieu de vertes campagnes remplies de beaux villages. La route qui rejoint Murs par le pied des collines court entre la nappe verte des prés et les pentes couvertes de beaux vignobles. Ici les vins blancs rivalisent avec ceux de la rive droite. Rochefort-sur-Loire, gros bourg pittoresquement bâti en amphithéâtre au bord du Louet, entouré de châteaux en ruines, a des crus non moins réputés que ceux de Savennières qui lui fait face. Le château de Mantelon et Denée ont aussi des vignobles fameux.

Les îles entre le Louet et la Loire sont de grasses plaines où les hameaux bâtis sur des chaussées élevées se succèdent; leurs blanches maisons sont à demi masquées par les arbres. Ces îles alluviales produisent des chanvres d'une grande valeur qui entrent pour une large part dans l'approvisionnement des usines d'Angers.

Mais ici, surtout, à Murs, le paysage est charmant; la colline resserrée entre le Louet et l'Aubance est un admirable belvédère. Devant la grandeur des horizons et le charme un peu langoureux de ce coin de terre, on comprend que les Angevins en aient fait leur promenade favorite. En ce moment les eaux de la Loire sont hautes, le fleuve coule à pleins bords, les bancs de sable ont disparu. Les bras de la Loire apparaissent, avec la netteté d'un plan géométrique, enserrant les îles aux formes bizarres, ici larges et trapues, remplies de maisons et de vergers, là, étroite langue de terre que couvrent les peupliers et les saules. Les lourdes barques aux grandes voiles carrées passent lentement, rares sur la Loire, mais pressées à l'entrée de la Maine.

Ce qui manque à l'Anjou, c'est la limpidité et la transparence de l'atmosphère. Même dans les belles journées de printemps une légère vapeur empâte toujours les lignes et restreint les horizons. Est-ce parce que le vent tiède de la mer apporte avec lui un peu des brumes de la côte bretonne, est-ce que de cet immense lacis de rivières, Loire, Mayenne, Maine, Sarthe, Loir, Authion, Louet, Aubance et Layon qui entoure Angers, les vapeurs montent sans cesse? Je n'ai pas encore trouvé ici les clairs et limpides horizons du val de

Loire dans le Berri et la Touraine. Mais ce rétrécissement des horizons n'est pas sans charmes. On se prend à désirer une de ces maisonnettes tapies dans les vignes au flanc des coteaux, on la ferme des îles, abritées du vent par des lignes de saules.

# XVII

## SAUMUR

Doué-la-Fontaine. — Arènes de troglodytes. — Montreuil-Bellay. — Brézé. — Saumur. — La maison d'Eugénie Grandet. — Un cabaret sous un dolmen. — Le champagne de Saumur. — Les caves saumuroises. — Villages de troglodytes. — Saint-Hilaire, Saint-Florent et les champaniseurs.

*Saumur.*

Doué-la-Fontaine, ce nom celtique qui rappelle tant d'autres dhuys ou sources, accolé à un mot français de même signification, annonce une de ces sources abondantes qui ont, de tous temps, fait naître autour d'elles des centres considérables de population. Sur ce haut plateau aride, où naît le Layon, une fontaine abondante devait attirer de bonne heure la foule. A défaut de restes antiques, le nombre extraordinaire de chemins et de sentiers qui aboutissent à Doué ou aux villages-faubourgs de Soulanger et de Douces, le prouverait.

Les eaux limpides et fraîches, vénérées par toutes les races qui se sont succédé, ont fait naître ici un groupe de population de plus de

5,000 âmes, dont les maisons s'étendent sur une surface supérieure à celle de la ville de Saumur. La source a été aménagée, on lui a creusé deux vastes bassins, où se jouent des poissons familiers. Les rues principales de la ville aboutissent toutes en cet endroit. Près de là une église a peut-être succédé à un temple consacré aux nymphes.

Sauf une tombelle, aucun monument ne rappelle le passé antique de Doué, mais la population conserve le souvenir de ruines monumentales. Dans la rue qui conduit à Douces un écriteau indique le chemin des « arènes de Doué ». Les bonnes gens de l'endroit en sont convaincus, ils ont des arènes comme Arles ou Nîmes.

Les « arènes » sont une carrière, taillée en gradins et imitant assez l'intérieur d'un amphithéâtre. Il y a cinq cents ans, on y jouait des mystères ; mais les arènes sont bien postérieures aux Romains. La roche dans laquelle elles sont creusées est un calcaire grossier, formé d'une infinité de coquillages. La ville de Doué tout entière repose d'ailleurs sur d'immenses carrières souterraines.

Doué est au centre de beaux vignobles entremêlés de pépinières d'arbres fruitiers, mais la zone verdoyante est rapidement traversée. Sur la route de Montreuil, le pays est nu jusqu'à la forêt de

Brossay. Il serait triste sans les formes pittoresques des collines vers Saumur. Quelques châteaux éloignés des ruines de l'abbaye d'Asnières donnent cependant un certain caractère au morne plateau. Au delà des bois on rencontre de nouveau les vignes, puis, tout à coup, apparaissent sur une colline les tours sveltes de Montreuil-Bellay. La route descend rapidement, on atteint le Thouet. La rivière est large, semée d'îles, des restes de courtines et de tours la bordent au-dessous du château. Rivière, barrages frémissants, îles verdoyantes, ruines couvertes de lierre forment un des plus beaux paysages de l'Ouest. Les voyageurs qui, allant de Saumur à Bordeaux, admirent en passant l'élégante silhouette du château, ne se doutent pas de l'admirable tableau laissé à quelques pas d'eux.

Le château de Montreuil-Bellay perd un peu à être visité, il ne saurait être comparé à tant d'autres demeures seigneuriales de l'Anjou ; il n'a pas la splendeur du château de Brézé dont la façade grandiose se dresse à deux lieues de là, mais sa situation sur une hauteur à pic, ses belles terrasses dominant le Thouet lui donnent un réel cachet de grandeur féodale. Construit par la famille d'Harcourt, il a appartenu, dit-on, au personnage saumurois dont Balzac a fait le père Grandet. On raconte encore à Montreuil qu'il recevait les visiteurs, vêtu en jardinier et pouvait ainsi empocher les pourboires.

La ville est assez curieuse ; ses remparts sont restés debout, percés de trois belles portes En dehors de l'enceinte, d'énormes tombelles dominent la gare, assez considérable, où se croisent les lignes de Paris, Bordeaux, Poitiers et Angers.

De Montreuil à Saumur, le chemin de fer suit la vallée du Thouet et traverse le canal de la Dive pour venir passer au pied du château et du parc de Brézé, près du village qui a donné son nom à l'illustre famille de Brézé. On est ici en pleine banlieue saumuroise, les villages sont nombreux et étendus, des guinguettes les précèdent, des villas se montrent dans les vignes, mais la ville n'apparaît pas encore, elle est masquée par une haute colline trouée par la ligne de Paris ; un train prend à Nantilly les voyageurs et les conduit dans la petite gare de Saumur-État, bâtie au bord du Thouet.

De toutes les cités riveraines de la Loire, Saumur présente sur le fleuve le plus grandiose aspect. Même Nantes, la métropole de la vallée, n'a pas de voie comparable à la large rue qui traverse la Loire, les îles et la ville, de la gare d'Orléans aux collines de la rive gauche du Thouet. Vue des ponts, Saumur, avec ses quais bordés de belles maisons, ses collines abruptes, sur lesquelles se dresse le château, couronnées d'innombrables moulins à vent, est véritablement superbe. La plupart des rues sont bien percées et bordées de beaux hôtels, mais l'animation n'est pas comparable à celle des autres villes riveraines. Saumur est beaucoup trop vaste pour sa population, elle a l'étendue d'une ville de 100,000 âmes et en contient 15,000 à peine. La révocation de l'Édit de Nantes lui a enlevé 20,000 habitants sur 25,000 ; elle ne s'est jamais remise de ce coup. L'école de cavalerie lui a bien redonné un peu de vie, mais si bruyants que soient les jeunes officiers et sous-officiers, malgré la fortune de nombre d'entre eux, qui leur permet de donner à Saumur un grand cachet d'élégance, la plupart des quartiers de la ville n'en sont pas moins fort placides.

Ce n'est pas dans les grandes voies, autour de l'école, sur le quai où s'élève le charmant hôtel de ville flanqué de tourelles, qu'il faut chercher le vieux Saumur, ayant conservé le caractère de la ville huguenote, c'est au pied de la colline et autour de la très précieuse église de Nantilly.

Dans les rues montueuses des abords du château, des maisons d'apparence monacale, aux vieux huis ferrés de grands clous, se pressent. Elles évoquent un passé lointain. Un de ces logis passe pour avoir inspiré Balzac, c'est celui d'Eugénie Grandet. Non seulement les Saumurois montrent la maison, mais ils racontent encore sur l'existence du père Grandet des histoires dont Balzac s'est inspiré, car le bonhomme a vécu — j'en ai parlé déjà à propos du château de Montreuil, — des vieillards se souviennent de lui. Il commença par marquer les points au billard, dans les estaminets de la ville, prêtant à la petite semaine aux joueurs malheureux; peu à peu il s'éleva au rang d'escompteur, de banquier. Si vous errez le soir, par les rues étroites et sombres, en compagnie d'un indigène ferré sur les potins locaux, il vous racontera à voix basse de terrifiantes histoires sur le Shylock dont, au fond, la ville n'est pas médiocrement fière.

Les environs de l'école de cavalerie contrastent avec les étroites rues du vieux Saumur; de beaux hôtels bordent les avenues, le passage incessant des cavaliers lui donne une animation joyeuse. La longue rue qui se dirige vers le Thouet, bordée d'arbres, sert de piste aux évolutions des jeunes officiers et des amazones. C'est, à certaines heures, une réduction du Bois, une allée des Acacias, où les cavaliers seraient presque tous en uniforme.

Au bout de cette route, de l'autre côté de la rivière, au faubourg de Pont-Touchard, au-dessus de Bagneux, sont de curieux monuments mégalithiques. Une allée couverte, des dolmens, un menhir, des peulvens forment un groupe qui rappelle la Bretagne. L'allée couverte, le plus curieux de ces monuments, est aujourd'hui, ou à peu près, un cabaret; on en a sablé les abords, des tables se dressent sous les énormes dalles de grès formant pendant vingt et un mètres un couloir colossal. On y boit du vin mousseux de Saumur.

Il doit bien cela à la roche, le vin de Saumur, car sans les mœurs de troglodytes de nos ancêtres qui ont persisté jusqu'à nos jours, peut-être n'aurait-on pas songé à le *champaniser*. Par là on entend la transformation en vins pétillants des vins des coteaux de la Loire, du Thouet et du Layon. La présence de ces vastes excavations des falaises, a fait naître l'idée de fabriquer à Saumur des vins semblables à ceux des caves champenoises.

Toutes les collines sont excavées ainsi. Un hospice a même ses principales salles creusées dans le tuffeau. Il y a une route fort pittoresque à suivre: elle longe la Loire depuis l'embouchure de la Vienne jusqu'aux abords des Ponts-de-Cé. De Monsoreau à Saumur surtout, le paysage est des plus curieux. Les villages se suivent presque sans interruption, composés mi-partie de maisons, mi-partie de grottes creusées de la base au faîte du rocher. C'est un fouillis de toits, d'ouvertures dans la roche et de verdure. Au-dessus la colline est couverte de vignes ; le premier de ces villages, Turquant, possède des clos fameux : la Herpinière, les Rotissons, Champfleuri ; Parnay et Sanzay ont le clos de Champigny, près duquel une ferme porte le nom de « Bon-Boire ». A Dampierre, plus pittoresque encore, et enfin à Saumur, dans les falaises qui surplombent le quai, depuis le beau viaduc du chemin de fer de l'État et l'église des Ardilliers jusqu'au pied du château, toutes ces roches sont creusées, quelques-unes encore habitées.

De l'autre côté de la ville, vers le confluent de la Loire et du Thouet, sont les caves les plus étendues, près du riant village de Saint-Hilaire-Saint-Florent. Ici ce n'est plus le troglodyte qui a créé les grottes, mais les fabricants de vins de champagne. Le tuf a été creusé pour abriter les fûts et les bouteilles et donner aux produits une température toujours égale.

Dans ces caves, se prépare le vin mousseux de Saumur, dont une partie est vendue comme champagne. Les procédés sont les mêmes qu'à

Reims ou Épernay, mais là où l'on tient à ne pas imiter servilement les Champenois et à laisser au vin l'arome spécial du terroir de Saumur, il y a des particularités dans la fabrication.

C'est une industrie relativement récente. Au commencement du siècle, les vins de Saumur se vendaient sans préparation. Un étranger, M. Akermann, frappé de la ressemblance des vins du Saumurois avec les vins de Champagne et des facilités offertes par les caves creusées dans la falaise, a implanté la fabrication du vin mousseux. Aujourd'hui les vins des environs immédiats de Saumur ne suffisent plus, on en achète jusque dans la vallée du Loir ; ceux des côtes du Layon et des environs d'Angers viennent également se transformer dans les immenses galeries de Saint-Hilaire-Saint-Florent.

Les maladies cryptogamiques et parasitaires menacent cette source de richesse, partout le vigneron saura lutter contre ces fléaux. Les vignes traitées au sulfate de cuivre contre le mildiou donnent des vins meilleurs, plus riches en alcool, on les paie de 3 à 4 p. 100 de plus que les vins provenant de vignes non traitées ; il n'en faut pas plus pour encourager le vigneron à employer les préservatifs.

Il s'agit là d'une fortune considérable pour tout

le pays, une des grandes maisons de Saumur livre au commerce de 600,000 à 700,000 bouteilles par année, chacune de ces bouteilles restant cinq à six années dans les caves. On évalue à six ou sept millions le nombre de bouteilles sortant chaque année de Saumur, dont une grande partie sous le nom de vin de Champagne.

Le Saumur authentique, le vin mousseux qui arbore crânement son nom, n'est pas encore apprécié en France comme il le mérite; dans les caves étrangères, en Angleterre, en Belgique surtout, il a conquis depuis longtemps droit de cité.

Au delà de Saint-Hilaire-Saint-Florent, des collines continuent à border la Loire; moins abruptes toutefois qu'entre Saumur et Monsoreau, mais les sites gracieux abondent. Le chemin de fer passe sur l'autre rive, à travers les Varennes, dont l'horizontalité a rendu facile l'établissement de la voie. Il n'y a qu'un pont jusqu'aux Ponts-de-Cé, à Gennes. Aussi les touristes délaissent-ils un peu cette partie de l'Anjou, si belle cependant. Et pourtant que de bourgades intéressantes, de beaux promontoires dressés au bord du fleuve ! C'est Chênehutte avec son camp romain qui semble construit d'hier et l'emplacement d'une ville oubliée dont il ne reste que le nom, conservé par les paysans, Oroanne. C'est Trèves et ses admirables ruines, un donjon à mâchicoulis, une chapelle romantique. C'est Cunault et sa merveilleuse église de style Plantagenet, qui vaut à elle seule une excursion dans cette partie du val. Les fresques des murailles, les deux cents chapiteaux aux sculptures d'une diversité infinie sont pour l'artiste et l'archéologue une surprise perpétuelle.

Puis voici Gennes, entourée de curieux débris romains. Au delà le Thoureil, au pied de hautes collines, d'où l'on découvre une vue superbe sur les vastes Varennes, jusqu'aux collines au pied desquelles est la vieille ville de Beaufort. La Loire, ici rassemblée en un seul canal, coule profonde et puissante avant d'aller s'élargir de nouveau autour des îles de Saint-Remy-la-Varenne. Elle passe au pied de vieux murs, seuls restes de la fameuse abbaye de Saint-Maur où fut créée la première communauté de Bénédictins. Les collines se continuent encore jusqu'à Gohier; là elles s'écartent brusquement, la Loire recommence à errer entre des rives basses, au milieu d'un labyrinthe d'îles et d'îlots, avant de passer sous les arches des Ponts-de-Cé.

Autant la rive gauche est accidentée, autant la rive droite est plate et peu variée. Mais c'est un des jardins de la France, le sol y est cultivé avec un soin et une patience comparables à ce que les voyageurs racontent de l'agriculture chinoise. Depuis la Bohalle jusqu'à Saumur, le chemin de fer passe à travers une campagne plus fertile et plus peuplée encore que les Varennes tourangelles. La beauté de ces cultures et le nombre des hameaux font oublier ce que le pays a de monotone. Pas de ville : de gros bourgs assis à la croisée des routes et reliés les uns aux autres par des hameaux dont les maisons s'égrènent au bord de chemins sinuant capricieusement dans la plaine. Ces chemins portent presque tous le nom de *Rue*.

Les communes ont leur chef-lieu près du fleuve, comme si celui-ci était le trait d'union entre cette multitude de hameaux. L'Authion, qui limite la plaine vers le nord, n'a aucun gros centre de population sur ses rives, tout regarde la Loire.

Peu de châteaux aussi dans ces plaines. On devine que la conquête du sol est récente, que la féodalité ne tenait guère à s'emparer de terres que la Loire devait inonder et que l'envahisseur pouvait facilement dévaster. Cependant la Ménitré rappelle le souvenir du bon roi René et Saint-Martin-de-la-Place, aux abords de Saumur, possède le château de Boumois où naquit du Petit-Thouars, le héros d'Aboukir.

Saumur tient de ces deux paysages. Si la ville est au pied et sur la pente des collines, un vieux faubourg, le faubourg des Ponts, est dans une île du fleuve, et d'autres faubourgs s'étendent dans la Varenne, au milieu de beaux jardins d'horticulture et de chènevières. Dans le lointain, on devine confusément, par les beaux jours, les hauteurs du pays de Baugé, où commencent les landes qui contrastent si étrangement, par leurs bois de pins et leurs bruyères, avec les plaines grasses et luxuriantes qui s'étendent entre l'Authion et la Loire.

# XVIII

## LA BIJOUTERIE RELIGIEUSE

L'industrie des chapelets. — La bijouterie religieuse. — La vie à huit sous par jour. — La sculpture des crucifix et des têtes de Christ. — Où vont les billes de billard. — Estampage des croix et émaux. — Saint Georges, fétiche. — L'école de vigne.

*Obénehutte-les-Tuffeaux.*

Dans la longue, étroite et sinueuse rue de Saumur qui longe la base de la colline, entre celle-ci et le quai de Loire, chaque maison présente, par l'encadrement de la porte ou des fenêtres, le même tableau : des femmes assises, armées de petites pinces et d'un rouleau de fil de fer très ténu, travaillent avec une activité fébrile. Le fil de fer est coupé, recourbé en maille, forme des chaînes; entre chaque anneau se suspend une perle de bois, d'os, d'ivoire, de nacre ou de métal ; de distance en distance, des grains plus gros ou de couleur différente se montrent.

Mais c'est la description d'un chapelet que vous faites-là ? Parfaitement, nous sommes ici, dans cette vieille ville huguenote, dans la bruyante école des écuyers militaires, en plein centre de fabrication de chapelets et d'ouvrages de sainteté, médailles et croix. On y travaille non seulement pour le culte catholique romain, mais encore pour la catholicisme grec; on y fait même ces énormes chapelets sur lesquels les fervents de Mahomet comptent les versets du Coran!

J'avais vu fabriquer déjà les chapelets en Dauphiné. Aux environs de Grenoble, les femmes qui conduisent le bétail aux champs se livrent toutes à ce travail; je l'ai encore remarqué en Auvergne, mais, nulle part, la fabrication n'a le caractère particulier rencontré à Saumur. La rue où habitent les ouvriers a un caractère si vieillot et si tranquille, le soleil y descend si rarement, la haute falaise percée de grottes la garde si jalousement contre la lumière, qu'on serait surpris de trouver ici une autre industrie que ce travail silencieux. Quand on a parcouru ces quartiers, on les trouve faits pour ces ateliers exigus, où l'on sculpte des têtes de mort et des crucifix, où se font, maille par maille, les rosaires.

Pourtant c'est, pour Saumur, une industrie relativement récente. Avant que la révocation de l'Édit de Nantes eût dépeuplé la ville, Saumur était célèbre par ses fonderies de cloches; plus tard elle se livra à la fabrication des peignes et autres objets en corne. En même temps des artistes y commençaient la fabrication des émaux religieux; mais cette industrie, un moment florissante, a disparu. Enfin des émigrés de Loudun y transportèrent la fabrication de la bijouterie religieuse.

Au milieu du siècle dernier, une famille Mayoux, originaire d'Auvergne venait s'installer en Anjou pour profiter du marché créé par les industriels saumurois. Elle amenait avec elle l'industrie du chapelet, industrie bien modeste alors, se bornant à débiter du buis en petits cubes; ceux-ci étaient arrondis au moyen d'un rouet, perforés et enfin enfilés avec un fil de laiton.

Pendant un siècle, cette méthode primitive suffit à la fabrication des chapelets. Il y a cinquante ans environ, un ouvrier nommé Coulon imagina de tourner les grains au tour; puis un autre ouvrier, du nom de Jacob, apporta d'autres perfectionnements, enfin les ressources de l'industrie moderne amenèrent des progrès incessants. Aujourd'hui la plupart des articles de Saumur peuvent se faire à la machine, sauf pour ceux qui demandent une part d'éducation artistique. Naturellement la fabrication mécanique a amené une forte diminution dans le prix du chapelet fait à la main. La valeur de la main-d'œuvre est très faible. On se demande comment les ouvrières peuvent vivre. Je suis entré chez l'une d'elles, occupant une chambre d'une propreté méticuleuse, une de ces chambres de vieille fille comme on n'en rencontre plus que dans les petites villes des provinces reculées. Cette bonne femme est depuis plus de quarante ans rivée au même travail : suspendre à une chaîne de fil de fer des *Ave*, des *Pater* et des croix ; elle est payée 4 sous la douzaine et peut faire deux douzaines par jour. Elle doit donc vivre avec huit sous. Pas de plainte, à peine un regret pour le *bon temps,* alors que Lyon et Lourdes n'avaient pas imaginé de faire fabriquer des chapelets par les montagnards de l'Auvergne et des Pyrénées. Quand les machines n'étaient pas inventées, on gagnait dix sous par douzaine de chapelets et l'on pouvait faire deux douzaines par jour.

Mieux traitées sont les femmes qui savent faire le chapelet tout d'une pièce, plier le fil de fer, joindre les mailles, et, au fur et à mesure, y placer *Pater* et *Ave*. Ces chapelets sont payés 15 sous la douzaine et l'on peut, en travaillant bien, arriver à ses deux douzaines par jour.

Tout cela varie beaucoup d'ailleurs ; pour les qualités très communes, le prix oscille entre un sou et demi et huit sous la douzaine et l'on a vu de bonnes ouvrières qui peuvent faire cinq douzaines à huit sous ; celles-là on les cite dans le quartier des Ardilliers.

Lyon et Lourdes ne sont pas seules à faire des chapelets. Ambert, dans le Puy-de-Dôme, possède depuis plusieurs années une usine mue par une chute d'eau ; les Allemands viennent en ce moment chercher des ouvriers en France ; enfin la Suisse produit de grandes quantités de chapelets et objets religieux. Einsiedeln, le célèbre pèlerinage helvétique, est à la tête de ce commerce.

Le montage du chapelet, auquel le vieux quartier de Saumur doit un caractère si particulier n'est qu'un accessoire ; la fabrication des grains, des croix, des mailles nécessaires aux ouvrières nécessite des quantités de bras. Une grande partie du travail se fait aujourd'hui à la machine, dans de belles usines ; mais pour certains détails la main de l'homme est encore indispensable ; ainsi les crucifix et les têtes à double face des rosaires, représentant d'un côté le Christ et de l'autre une tête de mort, sont sculptés dans de petits ateliers. Saumur possède quatre petits patrons qui ont des tours. Là on travaille le bois, l'ivoire, la noix de coco blanche ou bistre. Avec des moyens primitifs, les ouvriers arrivent à obtenir des reliefs saisissants. En un clin d'œil ils ont détaché un crucifix dans un morceau de coco. Quelques coups de burin y sculptent le corps du Christ : rien de précis dans les contours, ce sont des lignes droites ou brutalement brisées, à peine striées pour donner une vague impression anatomique et cependant le corps fixé sur la croix est d'une vérité effroyable, on le voit s'affaisser sous son propre poids et l'on ressent les souffrances que dut endurer le martyr. Quelques coups de scie mécanique, quelques traits de burin et de lime ont suffi.

Le crucifix achevé, haut de quatre à cinq centimètres, se vend 1 fr. 50 c. la douzaine.

Les têtes pour rosaire ne demandent pas un travail beaucoup plus considérable, mais la dextérité de main de l'ouvrier est telle qu'il arrive avec son burin et sa lime à donner une forte expression à la face du Christ mourant. Ces têtes sont vendues 6 fr. la douzaine. Elles sont en os ou en ivoire. Pour ces dernières on n'emploie guère d'ivoire neuf. A Saumur affluent tous les objets d'ivoire inutilisables, notamment les vieilles billes de billard. Pour faire une des petites têtes, hautes d'un centimètre et demi, il faut un quart d'heure de travail. L'ouvrier peut gagner à ce métier de

2 à 4 fr. par douzaine. Les croix lui rapportent 1 fr. 50 c.

Ces têtes sont déjà de l'art ; d'autres croix faites à la scie et au tour dans un morceau d'os, ornées de dessins concentriques, valent à peine 50 cent. la douzaine, 6 fr. la grosse. Notez ceci, l'ouvrier doit fournir la matière première. Les débris ne sont pas perdus, dans les morceaux d'ivoire, il y a encore des parties assez fortes pour fournir des grains de chapelets, les plus ténues servent à fabriquer du noir d'ivoire.

La fabrication des grains de chapelets se fait encore un peu au rouet, mais ce métier s'en va, les machines à vapeur ont avantageusement remplacé la main de l'homme. On retire ces petites boules dans l'ivoire, dans l'os, mais, surtout, dans des noix de coco dont quelques-unes ont absolument l'aspect de l'ivoire, les autres celui de vieux bois de noyer. Débitée d'abord en disques minces, la noix de coco est ensuite présentée à une machine qui abat les perles en creusant le disque alternativement à l'envers et à l'endroit. D'autres machines, surveillées par des ouvrières, servent au guillochage, opération très curieuse : au moyen de cercles dessinés sur les faces du grain, on produit des dessins élégants. On peut faire ainsi mille perles à l'heure. Il faudra ensuite teindre ces perles en rouge, en noir, en jaune, suivant le goût des pays auxquels elles sont destinées.

La fabrication des croix se fait avec la même rapidité. Plus curieuse encore est la fabrication de l'« œuf à chapelet » ou bonbonnière. Chaque noix de coco peut fournir une seule moitié destinée à être vissée sur l'autre. Les machines les évident, les sculptent, creusent les vis et les rainures. On a ainsi les deux parties de ces boîtes brunes et ajourées où l'on enferme les chapelets.

Le prix de revient de ces objets est fort bas, le grain de chapelet est payé 4 centimes pour 150.

On ne se borne pas à fabriquer des grains de bois, d'os et d'ivoire. L'acier et le verre sont mis à contribution; on fait des grains en fausses perles. Les crucifix nécessitent de grandes quantités de nacre. On en emploierait bien davantage sans les énormes droits d'entrée dont est frappé ce produit. Ils atteignent 11 fr. le kilogramme, la marchandise vaut de 30 à 55 fr. seulement. « Si encore ça protégeait quelque chose, me disait un fabricant, mais ça ne protège rien, puisque la France ne produit pas de nacre ! » C'est donc une véritable prime à la fabrication étrangère, à celle de Syrie surtout, pour laquelle cependant Saumur fabrique la boule d'os.

Ces mêmes usines fabriquent les mailles à chapelets, les scapulaires, en un mot la plupart des objets de piété.

Une autre industrie non moins florissante est la bijouterie religieuse, issue de la fabrication des émaux. Les croix et les médailles se fabriquent ici par centaines de mille, petites médailles de cuivre étamé ou de laiton doré qu'on vend dans les campagnes et aussi des médailles d'argent et d'or. Les médailles les plus communes se vendent à des prix extraordinaires de bon marché, depuis 80 cent. la grosse, c'est-à-dire les douze douzaines; d'autres à 1 fr. 10.

Les médailles en argent avec anneau soudé se vendent 7 fr. la grosse.

Une visite aux ateliers où se font ces menus bijoux est fort intéressante. Les industriels saumurois sont parvenus à faire eux-mêmes toutes les opérations, depuis la gravure des matrices et la fonte, jusqu'à la frappe. Certaines de leurs médailles sont de véritables œuvres d'art. L'acier des matrices est tiré de Styrie, nos usines françaises ne pouvant, dit-on, fabriquer des aciers assez résistants.

Parmi les médailles frappées à Saumur, les plus demandées, en dehors de la médaille purement religieuse, celles destinées aux chapelles de pèlerinages, il faut signaler la médaille de saint

Georges terrassant le dragon. C'est une sorte de
fétiche que tous les cavaliers élèves de Saumur
portent sur eux pour éviter une chute de cheval.
Saumur a mis ces médailles à la mode.

Ce commerce fait vivre un très grand nombre
d'ouvriers, le chiffre d'affaires est considérable, il
atteint trois millions et demi chaque année.

Il est regrettable que l'industrie de l'émail
n'ait laissé aucune trace à Saumur. En dehors de
quelques ouvriers produisant l'article banal, on
ne rencontre plus aucun émailleur. Les trésors
des églises et le musée ne sont guère riches à ce
point de vue. Par contre, Saumur possède dans
ses églises de précieuses tapisseries. Notre-Dame
de Nantilly est particulièrement riche.

Cette église offre encore, encastrée dans une
plaque de marbre noir, une crosse de cuivre damasquinée et émaillée. C'est celle de Gilles de
Tyr, garde des sceaux de saint Louis. Serait-ce
là une des œuvres primitives de l'émail saumurois ?

La vigne a été plus favorisée que la bijouterie
religieuse ; elle possède un véritable musée dans
le beau jardin des Plantes de Nantilly, formé
d'allées en terrasses dominant la verte vallée du
Thouet. Ces allées sont bordées de vignes repré-

sentant à peu près toutes les variétés connues, puisqu'on n'en compte pas moins de 800 tant en espaliers qu'en cordon, ou dans un vaste terrain dominé par l'énorme masse du vieux château.

C'est un véritable cours de viticulture, professé par d'habiles jardiniers. D'abord simple collection municipale, l'école de vigne prend aujourd'hui une importance considérable en présence des maux qui sévissent sur le vignoble. On peut juger là des facultés de résistance de chaque variété, de son aptitude à supporter les traitements et de son rendement. L'école de vigne de Saumur fut jadis du luxe, c'est aujourd'hui un établissement de première nécessité. Il serait à désirer qu'elle eût son complément naturel dans la création de champs d'expériences autour de la ville. L'Anjou, si divers par ses terrains, où se rencontrent les tuffeaux du Saumurois, les calcaires cristallins des rives du Layon, les schistes d'Angers et les landes de Baugé, est peut-être la région de France où les expériences d'acclimatation et d'entretien de vignes peuvent être tentées avec le plus de facilité. Les viticulteurs de Maine-et-Loire ont bien entrepris la lutte, mais leurs efforts ne sont pas coordonnés ; on ignore le plus souvent ce que les autres ont tenté et obtenu. Il serait bon de grouper les efforts, de leur donner la publicité nécessaire, on sauverait ainsi une des plus grandes richesses de la vallée de la Loire.

Les vignes, à Saumur, ne servent pas seulement à produire des vins fins, les crus les plus ordinaires ont un rôle important, car ils sont transformés en eau-de-vie et ont fait naître l'industrie des liqueurs. Si Angers a son Guignolet, Saumur se livre à la fabrication de l'élixir de Raspail, et les distilleries y sont fort considérables.

Comme Angers, Saumur doit donc à l'heureux climat de l'Anjou une grande part de sa prospérité et de cet air de richesse qui frappe le visiteur à son entrée dans la ville. Cette ère de progrès était bien due à la malheureuse ville, à cette « Rome des Huguenots » dont les persécutions de la fin du règne de Louis XIV firent un désert.

# XIX

## LE BOCAGE VENDÉEN

Chemillé. — Cholet. — Origines et avatars de son industrie. — Rayon industriel de Cholet. — Colonnades et lainages. — La grève de Cholet. — Mœurs ouvrières. — Le plus grand marché de bétail de France. — La guerre de Vendée. — Une ville détruite. — Champs de bataille vendéens.

### Cholet.

Il est peu de changements plus brusques dans l'aspect d'un pays que celui dont le voyageur est frappé après avoir quitté la Loire à Chalonnes, pour gravir, par le chemin de fer de Niort, les pentes conduisant au plateau tourmenté de Cholet, formant comme une *marche* entre l'Anjou et le Poitou. Non seulement la végétation change, remplaçant par des landes et des vergers les beaux vignobles et les grasses chènevières du val, mais on pourrait, en voyant les villages, se croire à cent lieues d'Angers. Aux pignons aigus coiffés d'ardoises, succèdent des toits plats couverts de tuiles rouges. On n'a plus les horizons larges et profonds, le plateau est découpé en une multitude de vallons et de ravins qui vont à la Sanguèse, à la Moine, à la Sèvre-Nantaise, au Layon et à la Loire. Ravins et vallons sont boisés; parfois les collines se haussent, offrant, de leurs sommets, des vues lointaines. Au demeurant, pays pittoresque et sauvage. C'est le Bocage, où se heurtèrent si souvent les armées de la République et les bandes fanatiques de la Vendée.

Dans la plupart des maisons, battent des métiers de tisserand, préparant la toile pour mouchoirs. Nous sommes ici dans le rayon industriel de Cholet. Chemillé est la première grosse bourgade de la route. Très curieuse avec ses églises romanes, ses maisons en amphithéâtre et la fraîcheur de la vallée où coule l'Hyronne. Quelques cheminées d'usines et de grands bâtiments industriels commencent à s'élever près de la gare, mais l'industrie ne dépend de Cholet que pour un ou deux établissements. Une maison importante emploie 70 ouvriers et une quinzaine d'enfants à la fabrication des broderies communes pour les bonnets de femmes et les rideaux; d'autres fabriquent les couvertures, des couvre-pieds de flanelle, alimentées par une filature de laine. Enfin un petit établissement livre au commerce des toiles imperméables.

Au delà de Chemillé, le chemin de fer monte

sur la ligne principale des hauteurs du Bocage et les traverse près de Trémentines, pour atteindre Cholet par une vaste courbe. De la ville on n'aperçoit que deux flèches d'église et deux ou trois cheminées de fabrique, le reste est en grande partie sur les flancs de la vallée de la Moine ; la gare est isolée au sommet des hauteurs.

Cholet répond fort peu à l'idée qu'on se fait d'une ville de fabriques. On se croirait plutôt dans un de ces chefs-lieux de département du centre, tranquilles et ignorés, réveillés de leur torpeur une fois par semaine par le marché, que dans un centre d'affaires connu de tous. Les maisons sont propres et bien bâties, mais la nature grisâtre des matériaux leur donne un aspect de tristesse ; sauf la grande voie qui traverse la ville de l'est à l'ouest, les rues sont étroites et sans animation. Cependant, à certains détails, à la grandeur et à la beauté des cafés, à quelques magasins d'allure opulente, on devine bientôt la ville commerçante.

Cholet n'est pas une ville de manufactures au sens propre du mot. Il n'y a dans la ville ou la commune que 6 tissages mécaniques et une filature occupant ensemble moins d'ouvriers que le tissage à la main.

On connaît l'industrie de Cholet. Elle produit

en énormes quantités un objet d'un usage général : le mouchoir de poche. Aucune autre ville française n'en jette autant sur le marché ; pas même les villes du Nord ou Rouen.

Cette industrie, et c'est là un fait intéressant, est tout à fait moderne ; elle est issue de la concurrence faite à Cholet par l'Alsace. Avant 1830, Cholet fabriquait du calicot, l'Alsace ayant monté des métiers mécaniques alors que Cholet continuait à fabriquer à la main, a enlevé complètement cet article. On fabriqua alors le mouchoir, encore Rouen s'empara-t-il du mouchoir de couleur. Aujourd'hui le coton est passé au second rang dans l'industrie de Cholet, pour la production des flanelles, siamoises, grisettes et futaines. Le mouchoir de fil de lin a remplacé en grande partie les anciennes étoffes.

Cette industrie elle-même a beaucoup périclité. Pendant la guerre d'Amérique, elle avait eu un grand essor. Au moment où prit fin cette lutte, on évaluait le nombre des fabricants dans le rayon de Cholet à 150, occupant plus de 20,000 tisserands dans les campagnes ; le chiffre est tombé à 40, avec 8,000 ou 10,000 ouvriers.

Les causes de cette décadence sont nombreuses. Le pays ne produit pas de lin, il est tributaire du Nord ou de l'étranger. Le lin employé à Cholet est envoyé par les filatures de Lille, d'Armentières et d'Halluin pour la plus grande part. En outre, la Belgique et la Russie, l'Angleterre et l'Irlande aident encore à l'approvisionnement. Dans ces conditions, il ne faut pas s'étonner si les villes du Nord, Cambrai notamment, placées pour ainsi dire au centre de la culture des lins et des productions de filés, peuvent faire à Cholet une concurrence active. Cambrai a dans sa région même, de Dunkerque à Paris, des débouchés considérables. Cholet ne les atteint que moyennant des frais de transport plus élevés. C'est par le bas prix de la main-d'œuvre que les fabricants de l'Anjou peuvent résister.

A ces causes, les fabricants de Cholet en ajoutent d'autres ; ils se disent insuffisamment protégés contre les produits de Belfast et de Courtrai. Ceux-ci paient 10 p. 100 de droits et les filés, matière première, en paient 25. En outre, le tissage mécanique est venu modifier l'organisation du travail. Avec le tissage mécanique on produit trois fois plus, tout en employant un personnel trois fois moindre. Aussi Cholet produit-il toujours autant de mouchoirs, tandis que les petits fabricants ont diminué en nombre et que les ouvriers ont été réduits de moitié. Les produits ont également baissé de prix. Il y a quinze ans, le mouchoir valait 7 ou 8 fr. la douzaine; aujourd'hui, il vaut 3 fr. à 3 fr. 50 c. La concurrence du dehors a moins eu de part à cette baisse qu'on ne pourrait l'imaginer. Les achats considérables des grands magasins ont eu une influence plus directe; ils font des commandes très considérables et obtiennent ainsi des prix très bas, mais il est difficile ensuite de remonter le courant, les prix s'avilissent et il est bien difficile de remonter la pente; les grands fabricants se contentant de bénéfices réduits peuvent seuls résister. Telle est la cause de la diminution croissante du nombre des industriels.

*Fabricant* n'est pas le mot juste. En réalité il s'agit ici de véritables intermédiaires, livrant aux tisserands de la campagne le fil nécessaire au tissage et payant en nature ou en argent selon la quantité produite. Le rayon dans lequel s'exerce leur activité est fort vaste : il contient plus de 200 communes dans Maine-et-Loire, la Vendée, la Loire-Inférieure et les Deux-Sèvres. La commune de Cholet à elle seule occupe 500 tisserands qui gagnent de 1 fr. 15 c. à 2 fr. 50 c. en travaillant 15 heures par jour. 400 femmes travaillent aux mêmes métiers avec des salaires de 1 à 2 fr. pour la journée de 12 heures. C'est à peu près le même salaire pour toute la région de Cholet. L'arrondissement seul occupe 6,000 à 7,000 métiers à bras.

Quant aux tissages mécaniques, on en compte six à Cholet occupant 350 hommes, 200 femmes et une quinzaine de manœuvres. Ici les salaires sont plus élevés, ils varient de 2 à 3 fr. pour les hommes, de 2 à 2 fr. 50 c. pour les femmes Pour la préparation des fils, Cholet compte en outre 14 teintureries, 4 blanchisseries et une retorderie ; c'est un peu plus de 1,000 ouvriers.

Par contre, l'industrie des cotonnades a beaucoup perdu. Elle se borne aujourd'hui à la fabrication d'articles à bas prix, trouvant surtout leur écoulement dans l'Ouest. Ce sont des flanelles de coton, futaines et siamoises. L'organisation du travail y est à peu près la même : le tissage se fait à la main dans les campagnes ; une filature située au Longeron, occupant 100 femmes et 50 hommes avec 14,000 broches et 110 métiers, produit une partie des filés nécessaires, le reste est demandé à la Suisse et à l'Angleterre.

On a également tenté d'introduire l'industrie de la laine, mais, loin de s'accroître, elle diminue chaque jour, sauf à Chemillé où la fabrication des couvertures est active. Deux maisons se sont maintenues pour la fabrication de la flanelle et des jupons.

Cholet lutte encore avec succès contre l'étranger, bien que l'Irlande lui enlève une partie du marché de l'Amérique du Sud. On a tenté de résister en créant des articles de mouchoirs de couleur à bas prix. L'Italie et Genève, la République Argentine, le Chili, le Pérou, le Brésil, sont toujours au dehors les marchés les plus considérables pour l'article de Cholet ; mais la France surtout est le grand client de cette ville Il en sera longtemps ainsi, sauf pour la toile de lin très fine que les chemisiers demandent de plus en plus à l'Irlande. Mais, on le sait, celle-ci doit à l'humidité de son climat une blancheur et une finesse de tissu que l'on ne saurait obtenir chez nous en l'état actuel de l'industrie linière.

Ce qui assure à Cholet une sorte de monopole dans une grande partie de ses articles, c'est le bas prix de la main-d'œuvre. Les tisserands, habitant des villages écartés, possèdent presque tous chaumière et jardin et peuvent se contenter de salaires très bas. En outre, beaucoup d'entre eux sont alternativement garçons de ferme et ouvriers. Ils s'engagent comme valets à la Saint-Jean et restent dans les fermes jusqu'à la Toussaint, puis ils rentrent à la cave, c'est-à-dire à leur métier installé, comme tous ceux des tisserands, sous la maison. Jadis un garçon de ferme gagnait 400 fr. pendant ses six mois de travaux des champs, aujourd'hui en même temps que la main-d'œuvre du tisserand diminuait, le prix du loyer des garçons de ferme tombait de 250 à 300 fr. Il y a eu un moment de misère traduit par une grève formidable, il y a quatre ou cinq ans. Les petits patrons qui font travailler à la campagne payaient leurs ouvriers en nature et étaient parvenus, en réduisant la part de la main-d'œuvre, à faire 15 à 20 p. 100 de bénéfices. Une cessation de travail eut lieu, il était à craindre que le tissage mécanique n'en profitât pour augmenter la production et enlever aux tisserands de campagne une part de leur travail. Les ouvriers des tissages mécaniques ont pris fait et cause pour leurs camarades, se sont solidarisés avec eux et ont cessé le travail jusqu'à ce que le prix de la main-d'œuvre du tisserand fût élevé. Le travail aux champs fut donc sauvegardé par l'ouvrier de manufacture.

La population ouvrière de Cholet est sympathique, on n'y trouve pas le type du « sublime », si commun dans d'autres grandes agglomérations. Les caisses d'épargne ont eu une grande influence en diminuant beaucoup les cas d'ivrognerie.

Cholet n'est pas seulement une ville industrielle, c'est encore le marché de bétail le plus considérable de France. Toutes les fermes vont acheter des bœufs maigres dans le Sud-Ouest et le Centre, elles les transforment en bétail gras pendant l'hiver au moyen de l'alimentation par le chou branchu. On pourra juger de l'importance du commerce par le nombre de têtes de bétail vendues pendant un seul trimestre. On a enlevé sur le marché de Cholet pendant un seul trimestre 24,456 bœufs gras, 2,844 bœufs maigres, 12,630 vaches grasses, 627 vaches maigres, 856 taureaux, 696 veaux, 14,954 moutons, 4,235 porcs et 1,126 cochons de lait. Ce bétail est en majeure partie dirigé sur Paris où les bœufs de Cholet ont dans la boucherie une grande réputation. Le samedi, le champ de foire de Cholet présente l'aspect le plus animé ; on y voit tous les types du Poitou, de la Vendée, de l'Anjou, du Bas-Maine et de la Bretagne nantaise. C'est le centre naturel d'attraction de cette belle région agricole.

Cholet, en d'autres jours, est une ville assez triste. Il ne lui reste aucun souvenir du passé. La guerre de Vendée ne laissa debout que trois maisons : deux des plus grandes batailles de cette funeste lutte y ont été livrées. Sur l'emplacement même occupé par la gare, dans les landes de Bégrolles, Kléber et Moreau battirent les royalistes ; c'est là que le grand et héroïque Bonchamps reçut la blessure dont il devait mourir à Saint-Florent, d'une mort admirable. On sait qu'avant de rendre le dernier soupir il ordonna la mise en liberté de quatre ou cinq mille soldats républicains prisonniers qu'on s'apprêtait à fusiller.

Cette bataille avait lieu le 17 octobre 1793; elle fut la plus terrible de la guerre. Cinq mois après, le 10 mars 1794, Stofflet s'empare de Cholet et le brûle. Les Bleus y rentrent de nouveau; menacés, ils mettent le feu aux derniers débris de la malheureuse ville. Deux années durant elle resta déserte. Après la pacification, ses habitants revinrent, relevèrent les maisons, et ne tardèrent pas à faire de Cholet l'active et florissante cité qu'elle est aujourd'hui et qui a remplacé Beaupréau comme capitale de la région des Mauges, ce dont Beaupréau ne s'est pas encore consolé.

Les souvenirs évoqués par ces luttes tragiques sont profondément émouvants. Du beau jardin public créé sur les ruines de ce qui fut le château de Cholet, on a un spectacle inoubliable, pour qui se souvient des formidables rencontres de nos pères. La Moine, qui coule au pied du coteau, passant sous les arches antiques d'un vieux pont par où fuirent tour à tour les Vendéens et les Républicains, a roulé des flots de sang jusqu'à la Sèvre-Nantaise. Il n'est pas un coin de ce pays qui n'ait vu un combat Ces chemins creux, ces haies épaisses, ces ravins ont servi d'embuscade aux Vendéens gardant le pays contre les Mayençais de Kléber. La locomotive fuyant à l'orient va passer au pied des ruines de Maulévrier. De ce château, ruiné par la guerre, partit Stofflet pour aller prendre le commandement des insurgés et, par son attitude, obliger la noblesse à suivre les paysans soulevés contre la Révolution. L'autre chemin de fer, celui qui se dirige vers l'ouest, suit une vallée plus tragiquement célèbre encore, c'est celle de la Sèvre-Nantaise, faille profonde bordée de beaux rochers, fraîche et riante. Elle fut entièrement saccagée : Mortagne a été ruinée en 1794 par les Vendéens. Vers Torfou, Kléber et 2,000 de ses héroïques soldats de Mayence se virent battus par les bandes vendéennes commandées par trois des chefs les plus réputés des Vendéens : Bonchamps, d'Elbée, Lescure. Son artillerie fut prise, tous les blessés furent massacrés. Enfin, à l'extrémité de la ligne, à Clisson, une ville nouvelle est née de celle qui périt dans la grande convulsion vendéenne.

Certes ces paysages de la Moine et de la Sèvre-Nantaise avec leurs rochers, leur verdure, leurs ruines sont admirables, mais on les oublie en rencontrant à chaque pas les traces de l'effroyable lutte. Si belles que soient les ruines de Tiffauges, elles n'évoquent pas autant de souvenirs que la colonne érigée en 1827 par la royauté, sur l'emplacement où Kléber et ses Mayençais, jusque-là invincibles, durent fuir devant les hordes innombrables de l'insurrection.

## XX

### SUR LA LOIRE, D'ANGERS A NANTES

En vapeur sur la Maine et la Loire. — Bouchemaine. — La navigation de la Maine et de ses affluents. — La coulée de Serrant. — Chalonnes et ses mines. — La question du Layon. — Toits rouges et toits noirs. — Les fours à chaux de Montjean. — Ingrandes. — Les îles. — Saint-Florent. — Ancenis. — Champtoceaux. — La Folle-Siffait. — Les rochers de Mauves.

*A bord de l'Abeille.*

L'*Abeille* est un des bateaux à vapeur faisant le service entre Angers et Nantes. Voie peu connue du touriste qui se rend en Bretagne, malgré la beauté des rives de la Loire.

L'embarcadère, à Angers, est au pied du vieux château, dont les tours noires et massives donnent un si curieux aspect à cette partie de la ville. Quelques tours d'hélice et la capitale de l'Anjou a disparu. Le vapeur descend la Maine, large et nonchalante, bordée de prairies inondées où les renoncules d'eau mettent un tapis de neige. Les collines se rapprochent; entre deux hauts rochers schisteux aux formes tourmentées la Maine s'étale.

A gauche, sur le rocher, un vieux couvent dresse
ses constructions dominées par une haute tour.
Le site est charmant ; s'il avait le ciel d'Italie, on
pourrait croire à quelque villa des lacs alpins.
Au delà, sur la rive gauche, recommence la prairie ; à droite les rochers continuent à border la
rivière. Vers Bouchemaine, après le pont du chemin de fer, une étroite bande de terrains s'étend
entre les collines et le fleuve. A la Pointe, l'horizon s'entr'ouvre tout à coup, la Maine atteint la
vaste nappe d'eau de la Loire. Le petit village de
la Pointe, groupe de gracieuses villas, baigne ses
terrasses dans l'eau du fleuve, de grandes barques
aux voiles quadrangulaires se pressent pour remonter la Loire ou pénétrer dans la Maine. Mais
celle-ci est plus animée que le fleuve.

Ce n'est pas seulement parce que le voisinage
d'Angers attire le trafic, c'est aussi parce que la
Maine est le centre d'un des réseaux navigables
les plus complets et les mieux disposés de France,
puisque quatre cours d'eau portant bateau viennent se réunir au-dessus d'Angers. La Mayenne,
à qui l'Oudon porte le trafic de la région agricole
de Segré, se joint à la Sarthe où le Loir vient se
jeter. Pour qui a vu la Loire si déserte en amont
de Saumur, il y a ici un mouvement commercial
considérable. Ainsi la Mayenne a un mouvement

de plus de 1,000 bateaux à la remonte et autant à la descente, avec un trafic de 60,000 tonnes ; l'Oudon est fréquenté par 185 bateaux dans chaque sens et transporte 15,000 tonnes. La Sarthe a apporté 75,000 tonnes et le Loir plus de 13,000. Ce dernier cours d'eau, le plus long, celui qui semblerait appelé à jouer le plus grand rôle économique, est malheureusement mal aménagé : il n'a que des portes marinières, de Château-du-Loir au confluent, ce qui rend la navigation difficile et, au-dessus de Château-du-Loir, il n'a aucune porte ou écluse.

Tel qu'il est, ce réseau navigable est encore important, mais il n'aboutit nulle part pendant six mois de l'année. La Loire avec ses maigres, ses seuils, ses bancs de sable, est d'une navigation trop intermittente. Malgré ses grands éléments de trafic, malgré les autres cours d'eau navigables : Dive, Thouet, Authion, Layon, qui complètent admirablement le beau réseau de la Maine, le fleuve est comme un cul-de-sac où les bateaux ne peuvent plus naviguer pendant de longs mois. Et cependant, d'Angers à Nantes, il y a encore un mouvement de 120,000 tonnes. Il serait quintuplé si l'on pouvait compter sur la régularité du service entre la Pointe et Montjean.

Au delà de la Pointe nous sommes en Loire.

A gauche une immense île basse, couverte de cultures magnifiques et semée de hameaux. A droite, des collines rocheuses se dressant en falaises au-dessus du fleuve. Il en est de bien curieux parmi ces rochers : un obélisque isolé se dresse au bord de l'eau comme séparé du coteau par une épée de géant.

Voici, au delà des roches, des vignes entretenues avec un soin extrême ; tous les environs de Savennières à la Possonnière sont ainsi plantés. Ce sont les plus grands crus d'Anjou. Les Angevins me montrent avec orgueil la *coulée de Serrant*. C'est, pour eux, ce que sont Château-Yquem ou Château-Margaux pour les Bordelais ou le clos Vougeot pour les Bourguignons. Ce sont, il est vrai, des producteurs de vins exquis que ces vignobles-là, mais ils donnent des vins complets tous les huit ou dix ans. Il leur faut des conditions climatériques exceptionnelles pour développer tout leur bouquet.

Le bateau descend à travers un véritable archipel d'îles et d'îlots, cultivés comme des jardins, remplis de hameaux et même de gros villages. Quelques-uns des bras du fleuve en ont gardé toute l'impétuosité, d'autres semblent des étangs endormis; ce sont les *boires*, bras morts semblables aux *lônes* qui accompagnent la Saône et le Rhône.

Le fleuve réunit tous ces rameaux épars pour passer sous le pont du chemin de fer de Niort, puis entre dans un nouveau dédale d'îles, long de trois lieues. Au pied des collines de la rive gauche, un autre bras, le Louet, s'élargit et devient grande rivière. Entre le Louet et la Loire, dans une grande île couverte de prairies, on aperçoit, non sans étonnement, les hautes constructions de mines de charbons. L'une, à peine distincte entre les arbres, est le puits de la Prée, un des plus profonds que l'on connaisse, puisqu'il atteint 650 mètres; un accident en a fait abandonner l'exploitation. Au bord même du bras de Loire qui va passer à Chalonnes, est le puits du Désert, le seul qui reste en exploitation. C'est le centre le plus considérable des charbonnages de l'Anjou. Il a encore donné 150,000 tonnes en 1888. Les autres mines sont ou épuisées ou insignifiantes. Montjean a donné 10,000 tonnes; Layon-et-Loire 4,346; Saint-Lambert-du-Lattay 3,115. Le prix de ce charbon anthracite, d'assez bonne qualité, oscille entre 12 et 15 fr. la tonne. La concurrence du charbon anglais et la diminution de l'emploi de la chaux ont restreint le marché. Le Désert a pu se maintenir en fabriquant des briquettes avec ses menus charbons. Ces briquettes faites à la mine même trouvent un débouché assuré dans les usines d'Angers.

Au delà du Désert, le bras de la Loire reçoit le Louet et le Layon. Celui-ci est une de nos plus anciennes rivières canalisées, mais aujourd'hui un chemin de fer lui enlève tout trafic; on demande son déclassement. Mais cette mesure, réclamée avec ardeur par les riverains, se heurte à une difficulté administrative : Les riverains qui ont planté des arbres sur les bords d'un cours d'eau censé navigable, dont l'État ne se souciait guère, veulent leurs arbres. L'État les revendique pour lui. Tel est le gros démêlé qui tient en suspens une affaire importante. On pourrait croire qu'il s'agit d'une somme énorme. Eh! bien, les calculs les plus bienveillants évaluent à 6,000 fr. le prix des arbres litigieux! En attendant, le Layon n'est plus entretenu, ne sert à la navigation que pendant cinq ou six kilomètres, mais il n'en est pas moins classé comme navigable et n'en impose pas moins aux riverains les servitudes des voies de navigation!

A la jonction de tant de boires, de rivières, de bras de la Loire, Chalonnes a prospéré tant que la Loire est restée un grand chemin pour le commerce. Avec les voies ferrées, l'activité a disparu en partie ; il y a bien une gare : elle est à 2 kilomètres de la ville. Le bateau à vapeur lui-même ne peut toucher à Chalonnes que pendant les hautes eaux. Le reste de l'année, il passe loin de là, dans le grand bras de la Loire.

Mais Chalonnes conserve ses beaux sites. Ici commencent, sur la rive gauche, les hauteurs qui plongent dans le fleuve. A l'extrémité de la ville, des roches pittoresques, couvertes de maisons et une vieille tour, semblent barrer le passage. Le petit bras du fleuve longe cette falaise recouverte plus loin d'un taillis luxuriant, laissant parfois saillir les strates régulières de la roche. Au-dessus, les vignobles s'étendent.

Le paysage change tout à coup. Un vallon s'ouvre dans la falaise, bordé de collines gracieusement tourmentées, couvertes de hameaux et dominées par des moulins à vent. Ce petit coin est charmant, il ne ressemble guère aux autres paysages de l'Anjou. Des toits plats couverts de tuiles rouges s'aperçoivent entre les arbres et lui donnent un caractère méridional. L'ardoise n'a pu supplanter la tuile, malgré le voisinage d'Angers. Dans tout l'arrondissement de Cholet on rencontre de petites tuileries qui luttent avec avantage contre les schistes angevins. Le touriste ne saurait s'en plaindre, les toits rouges sont plus gais à l'œil que les hauts combles noirs.

Au pied de la colline apparaissent des fours à chaux, énormes édifices trapus et ventrus ; quelques-uns abandonnés et envahis par la végétation présentent l'aspect de ruines féodales. Ceux qui travaillent encore, ont, avec leurs taches blanches et la fumée qui s'en échappe, fort maussade physionomie.

Mais grâce à ces fours la rivière s'anime, des bateaux sont amarrés au pied de chacun d'eux, de grandes barques déploient leurs voiles, tandis que d'autres, leurs mâts abattus, descendent le courant.

Au loin apparaît une forteresse imposante, plantée au bord du fleuve et reliée par de grands arceaux à des arceaux de pierre accolés à la colline. Voilà un paysage comme on en voit sur la Meuse, à Namur ou à Dinant. Mais, à mesure que l'on s'approche, la silhouette hardie de la forteresse se rapetisse, ça devient même assez laid. La citadelle est un groupe d'énormes fours à chaux, traitant la pierre de la falaise au moyen de l'anthracite du sous-sol.

Nous sommes à Montjean — *Montejean* comme on dit en Anjou. Petite ville peuplée presque uniquement de mariniers, elle est réellement à la tête de la navigation de la Loire. Montjean possède encore cent cinquante bateaux qui transportent la chaux dans toute la Bretagne. Commerce très actif, grâce au canal de Nantes à Brest et à la nature granitique de la presqu'île armoricaine.

Au delà du petit port, les bras de la Loire se réunissent en une seule masse d'eau qui a la largeur d'un fleuve d'Amérique. Montjean, dominé par une belle église ogivale aux contreforts hardis, se mire dans le flot. Sur l'autre rive, au delà d'une large plaine, un village se dresse sur un coteau où sont éparses des ruines grises couvertes de lierre ; tours et remparts sont les seuls restes d'un château de Gille-de-Retz, la *Barbe-Bleue* de l'histoire.

Au loin, une ville blanche semblir surgir de la vaste nappe du fleuve ; un pont suspendu, si léger qu'on dirait un cordage grêle tendu sur des poteaux, réunit les deux rives. A mesure qu'on approche, la ville devient une modeste bourgade, aux maisons en terrasse sur la Loire : Ingrandes. On commence à entrer dans le rayon d'influence de Nantes. Les voyageurs sont plus nombreux. Les paysannes qui embarquent ont un curieux bonnet plaqué sur le front, dont les ailes se relèvent sur le côté, encore semblable de tous points aux miniatures des manuscrits de la fin du moyen âge. La rivière s'anime de plus en plus, de grands trains de bateaux descendent le courant. Ingrandes, que nous avons passé, surgit de nouveau : ses maisons blanches reposant sur leurs terrasses grises semblent ceintes de rempart.

On abandonne encore une fois la branche maîtresse du fleuve pour entrer dans le labyrinthe des îles. Il y a dans ce cours de la Loire un rythme singulier : chaque groupe d'îles, chaque archipel plutôt, est suivi d'un chenal unique large et tranquille. Il y a peu de grandes îles isolées, elles sont toujours groupées, séparées par de petits chenaux bordés de saules. Toutes ces îles sont des merveilles de culture, le sol y est entièrement remué à la houe ou à la bêche, il est rare de voir un cheval et une charrue. Toutes semblent des bouquets de verdure surgissant des flots. On dirait autant de jardins anglais. Les saules et les osiers du rivage ont été repliés en arceaux et forment ainsi comme la bordure d'immenses corbeilles. Les maisons sont entourées de bosquets de peupliers et de saules, des rosiers de Bengale en couvrent la façade, des pots de giroflées, d'œillets et de linaires sont placés sur l'appui des fenêtres. Rien de gai comme cet archipel pendant une belle matinée de mai. En hiver, quand la terre est dépouillée, quand la Loire roule ses eaux jaunes, ce doit être lugubre.

Une haute tour couverte d'un toit sphérique pointe au loin, dans les arbres, au sommet d'un mamelon couvert de toits rouges. Une belle terrasse domine le fleuve à l'extrémité; sur une sorte de motte artificielle se dresse une colonne; elle est coiffée de travers par un drapeau en zinc, semblable à ceux qu'affectionne la gendarmerie. Le drapeau est une malice des Bleus à l'adresse des Blancs, la colonne ayant été érigée en 1823, à l'occasion du séjour de la duchesse d'Angoulême qui passa en revue, à Saint-Florent, les Vendéens échappés à la défaite de Cholet, à la déroute du Mans et à l'écrasement de Savenay. Saint-Florent devait cet honneur à son attitude en 1793, puisque Cathelineau et Stofflet y donnèrent le signal de la guerre civile. Là, après sa défaite à Cholet, vint mourir Bonchamps, sauvant d'un mot les Bleus prisonniers ; il repose dans un tombeau qui est un des chefs-d'œuvre de David d'Angers.

A la base de la colline, sur une étroite plage de sable, une longue file de pêcheurs à la traîne retirent leurs filets. La falaise est haute et verte, elle s'éloigne bientôt; le fleuve large et superbe coule entre des rives basses. Au loin un archipel apparaît, couvert de grands arbres, une demi-douzaine d'îles allongées entre lesquelles les bras de la Loire ouvrent des perspectives fuyantes. Les peupliers se penchent sur le flot, formant de solennelles avenues noyées dans une vapeur bleue. Il est peu de paysages fluviaux plus grandioses et vraiment beaux.

Voici l'île Brand, l'île Kerguelen, l'île Boire-Rousse, l'île aux Moines et l'île Lefebvre, au delà de laquelle surgit Ancenis. La ville est séparée du fleuve par une promenade de marronniers plantés symétriquement. Les arbres à fleurs blanches alternent avec les marronniers de Virginie aux beaux thyrses rouges. De la ville on voit peu de choses, des ruelles grises montantes, un coin de vieux remparts, un petit pont où l'on s'est donné rendez-vous pour voir passer le bateau ; les officiers de la garnison, les oisifs de la petite ville, les paysannes aux costumes voyants forment des groupes fort gais à l'œil. On ne fait que passer, pour entrer dans un nouveau groupe d'îles, terminé par un flot allongé, l'île Neuve. Les collines se sont rapprochées, superbes d'allures, reliées par un grand pont métallique de treize travées. A gauche nous abordons à Champtoceaux ; le bourg, bâti sur un rocher de forme arrondie et couvert d'arbres, présente un des plus beaux tableaux de la Loire. Un pin parasol se détachant sur le ciel bleu évoque les paysages d'Italie. Au pied du coteau, sur le fleuve même, sont de curieuses ruines d'un château. Il en reste des débris de tours et deux arcades ogivales jetées sur le courant.

De l'autre côté, Oudon dresse son beau donjon octogonal, surmonté d'une guette, qui a le tort d'avoir été restauré et de conserver les traces de cette restauration. Au grand soleil, les pierres blanches qui entourent les fenêtres donnent au fier édifice l'apparence d'une ruine factice. Les rochers sont plantés de conifères aux teintes sombres. Voici, dans les pins et les sapins, des remparts gris, percés de meurtrières s'étageant jusqu'au sommet du coteau, on dirait d'une forteresse de Vauban. Ce n'est qu'une amusette construite par un Nantais pour donner du travail aux ouvriers. Dans le pays, on appelle cela la *Folie-Siffait*. Folie si l'on veut, mais cette citadelle pour rire, reposant sur un rocher que le chemin de fer a troué, pour s'amuser aussi, par un tunnel de 60 pieds, est fort pittoresque. Quand le temps aura passé là-dessus, renversant les parapets, semant des pariétaires et autres plantes amies des ruines, plus d'un burg rhénan pourra envier le fier aspect de la Folie-Siffait.

Le paysage s'agrandit encore. Si, au lieu d'être aux confins de la Bretagne et de l'Anjou, Oudon et Champtoceaux étaient en Allemagne ou en

Suisse, la foule s'y presserait. Il y a là un défilé magnifique. Des roches que le chemin de fer a trouées par de nombreux tunnels, se dressent au-dessus de la rive droite. Un beau château Louis XIII en briques et pierres blanches, Clermont, couronne une des crêtes ; en face, un autre château à tourelles se détache, blanc, contre une futaie d'un vert intense, c'est la Varenne. Celui-ci occupe le dernier coteau de la rive gauche qui, désormais, sera plate et monotone. A droite, au contraire, les rochers s'escarpent et dominent le fleuve d'une grande hauteur. Splendidement colorés, ces rochers de Mauves ferment avec magnificence ces beaux paysages. Au delà la plaine monotone couvre les deux rives. Déjà, à certains signes, aux berges vaseuses, on s'aperçoit que l'on est dans un estuaire. A mesure que l'*Abeille* descend sur le fleuve élargi, on voit grandir l'horizon ; sur le ciel se détachent les flèches et les tours de la métropole bretonne. Encore quelques tours de roue et nous accosterons au pied du château de Nantes.

# XXI

## GRAND-JOUAN.

Château-Gontier. — Le Bout-du-Monde — Craon. — La vallée de l'Oudon. — Segré, M. de Falloux, M<sup>me</sup> Swetchine et M<sup>gr</sup> Freppel. — Pouancé. — Châteaubriant. — Les landes de Nozay. — Grand-Jouan. — Rieffel. — L'exemple d'un homme de bien.

Abbaretz.

Les villes du Bas-Maine, qui sont parmi les moins visitées de France, sont cependant parmi les plus aimables. Mayenne et Laval, si gracieusement assises sur les deux rives de leur belle rivière bordée de quais de granit, ont un charme que ne connaissent pas de grandes villes courues par les touristes. La troisième ville du département, Château-Gontier, a voulu rivaliser avec ses voisines ; comme elles, elle a bordé de quais les deux rives de la rivière ; comme elles, elle a transformé en jardin un rocher qui domine la Mayenne. Le *Bout-du-Monde* est beaucoup plus pittoresque que les promenades de Laval et de Mayenne : la roche à pic a été sillonnée de sentiers, les creux sont remplis de fleurs ; sur le sommet, une pelouse plantée d'ormes épais, silencieuse et solitaire, explique par son calme et l'ombre qui la couvre ce mot de *Bout-du-Monde*. De là-haut, on a sur la rivière et le quartier de la gare de riants horizons.

Mais Château-Gontier n'a pas l'animation des deux autres villes. Le calme y est profond. Elle possède un petit établissement d'eaux minérales fort efficaces, dit-on, mais la mode ne s'en est pas emparée. C'est dommage, car peut-être verrait-on ainsi mieux connu un pays qui a son charme bien particulier et mérite mieux que l'abandon dans lequel il est laissé.

Non seulement le paysage est charmant, mais toutes ces villes sont entretenues avec goût et elles conservent de précieux édifices. Saint-Jean à Château-Gontier présente une disposition assez rare dans les églises romanes, elle est disposée en forme de croix. Des restaurations maladroites lui ont enlevé beaucoup de son élégante sobriété. Plus heureuse a été la chapelle du collège, elle a échappé aux réparations et reste un petit bijou des primitives époques de notre architecture religieuse.

Château-Gontier a perdu beaucoup de son industrie des toiles, mais la ville est restée un important centre commercial pour les produits agricoles; la navigation de la Mayenne est considérable, un bateau à vapeur fait régulièrement le service d'Angers. C'est que cette région ressemble fort peu au nord du département, l'agriculture y est plus développée. Une des villes de l'arrondissement, Craon, est fort connue dans le monde agricole, ses races de chevaux et de porcs ont une grande réputation.

Craon n'est pourtant qu'une bourgade, mais à la vue des auberges qui bordent les rues on devine qu'elle doit sortir du sommeil pour devenir un marché actif. C'est en effet le centre agricole le plus considérable de tout le département; elle joue de ce côté le rôle qu'avait jadis Ernée dans le nord.

L'Oudon traverse Craon. La petite rivière est la vie de la cité; elle fait mouvoir une infinité de moulins. La vallée, très étroite et très pittoresque, est peu fréquentée; elle est à l'écart des grandes routes et des chemins de fer. Sauf Craon, aucune ville jusqu'à Segré, mais ici la rivière, accrue d'affluents abondants, devient tout à coup large et profonde et la navigation commence. Le site de Segré est curieux. L'Oudon débouche d'une gorge étroite, aux berges noires, car nous sommes en plein pays ardoisier; les rues de la haute ville sont taillées à même la roche schisteuse, celles qui sont inaccessibles aux voitures n'ont pas d'autre pavé. Ces coins de ville montueuse, d'aspect monastique, s'harmonisent avec les lignes du paysage d'une austérité douce, avec le vieux pont aux pierres disjointes qui sert au passage des piétons à côté d'un pont plus moderne.

Segré évoque surtout le souvenir de M. de Falloux. Il habitait près de là, au Bourg-d'Iré, dans la vallée de la Verzée, le château de la Maboulière, où il sut créer une des plus belles exploitations agricoles de la contrée. Dans la ville même de Segré, au sommet de la colline qui couvre la rive gauche de l'Oudon, un hospice dont la terrasse domine de charmants horizons porte le nom de M<sup>me</sup> Swetchine, l'héroïne mystique dont il a édité les œuvres et écrit l'histoire. Avec le produit des quatre volumes consacrés à cette élève de Joseph de Maistre, il a pu mener l'œuvre à bonne fin. Elle lui valut même l'excommunication. L'académicien prétendait être en possession d'un chemin longeant l'hospice. M<sup>gr</sup> Freppel, au nom de la fabrique paroissiale, la revendiquait aussi. Comme M. de Falloux tenait bon, le prélat lança ses foudres sur lui. L'aventure est piquante pour nous qui voyons les choses d'un peu loin.

Elle fut, à Segré, comme un orage, dont les effets ne sont point encore oubliés.

Depuis quelques années, Segré, jusqu'ici petite station d'une voie ferrée d'importance purement locale, est devenu une des principales gares de la grande ligne directe de Paris à Saint-Nazaire, qui quitte à Sablé la voie de Brest. Les express la desservent, mais, jusqu'ici, la grande masse des voyageurs préfère l'itinéraire par Angers et Nantes. Au point de vue pittoresque, les voyageurs ont raison, le trajet par Segré et Châteaubriant ne présente pas les grands paysages des rives de la Sarthe, de la Maine et de la Loire. Cependant, de Segré à Pouancé, les sites sont assez beaux. Cette dernière ville est même une des plus pittoresques de l'Ouest. Elle couvre un mamelon dont le pied est baigné par de vastes étangs couronnés d'admirables ruines. Onze tours drapées de lierre, étrangement coiffées d'arbustes, se mirent dans les eaux. Plus loin la campagne devient monotone; les landes, qui autour de Craon et de Segré ont presque partout disparu, recommencent. Par les ajoncs et les prés pleins de floraison jaune et de carex, c'est déjà la Bretagne. On pénètre dans cette province à une lieue à peine et l'on atteint à Châteaubriant la première ville armoricaine.

C'est une ville en pleine transformation, sans

doute appelée à devenir un centre très vivant par la création des chemins de fer. Il y a vingt ans, Châteaubriant était perdu au milieu des terres, loin de toutes les voies ferrées et voici que, tout à coup, on l'a transformé en un des points de jonction les plus considérables de l'Ouest. De Châteaubriant les trains se dirigent sur Paris, sur Saint-Nazaire, sur Nantes, sur Redon, sur Rennes, sur le mont Saint-Michel, et, par un tramway à vapeur, sur Saint-Julien-de-Vouvantes. Huit lignes de chemins de fer aboutissent ainsi dans sa gare, ou se bifurquent non loin d'elle. L'industrie se portera forcément sur une ville ainsi dotée, où la main-d'œuvre est à bas prix et à laquelle le voisinage de ports comme Nantes, Saint-Nazaire et Redon assure des débouchés.

En attendant, elle est restée calme et ignorée. Peu de touristes sont allés visiter les formidables ruines de son château, dans lesquelles s'enchâssent les constructions élégantes mais inachevées du château neuf avec leur belle galerie à colonnade d'un si ravissant effet.

La campagne avoisinante est d'un mélancolique aspect. Toute cette partie de la Bretagne est un immense plateau ondulé. On ne trouverait pas une demi-lieue de terrain plat, mais aucune partie du pays ne domine de haut les campagnes.

Ce paysage n'a rien de la grandeur austère des plaines et, nulle part, il ne se creuse assez pour avoir les charmes des vallées. Les étangs que l'on rencontre sont bas, sans berges, sans arbres sur leurs rives. Sans les rangées de chênes étêtés qui bordent les champs, ce serait affreusement monotone.

Le pays se transforme cependant; il y a un demi-siècle à peine c'était encore la Bretagne des landes, la triste Bretagne, celle qui n'a ni la mer, ni les rochers; mais aujourd'hui la lande a disparu presque partout, chassée par les cultures; les derniers lambeaux de terres couvertes d'ajoncs et de bruyères font place aux récoltes. C'est qu'il y a ici un des foyers agricoles les plus intenses de notre pays : *Grand-Jouan*.

Cette école célèbre est malheureusement trop loin des villes pour être connue comme elle le mérite. Nozay, le bourg voisin, n'a rien qui attire et retienne. Rares sont les visiteurs à Grand-Jouan; ceux qui s'y rendent y sont appelés par leurs fonctions ou par un intérêt profond pour les choses agricoles. Mais si, à quelques égards, cet isolement de Nozay est regrettable, l'influence de l'école n'en a pas moins été énorme sur toute une vaste partie de la Bretagne.

Grand-Jouan est une belle habitation installée

sur la route de Nantes à Châteaubriant, près de la route de Rennes; les riches cultures qui l'entourent contrastent avec le reste du pays. En 1830 c'était le cœur d'un vaste domaine de landes, que, depuis deux ans, une société se proposait de mettre en valeur. A ce moment, un élève de Mathieu de Dombasle, Jules Riefel, né à Barr (Alsace), en 1806, visitait la Bretagne. Il était sorti le premier de l'école de Roville et se préparait à se rendre en Égypte pour aller y mettre à profit les leçons du maître vénéré de l'agriculture moderne. Riefel, consulté sur l'avenir des défrichements dans les landes bretonnes, se rendit à Grand-Jouan. La vue de ces ronces, de ces bruyères, de ces genêts, de ces ajoncs croissant sur des terres basses incessamment mouillées, fut pour lui une révélation. Il se dit qu'il était plus utile au pays, plus glorieux aussi d'arracher ces terres incultes à l'abandon que d'aller au loin porter son intelligence et sa science. Son ardeur frappa les organisateurs de la société bretonne, ils le placèrent à la tête de l'entreprise.

Ce fut la fortune de la Bretagne, Riefel se mit à l'œuvre. En peu de temps le domaine de la société, 1,500 hectares, est transformé, le désert est sillonné de chemins, des champs sont ouverts et bordés d'arbres pour abriter les récoltes contre les vents violents. Dans ce sol maigre où l'on n'obtenait que de rares récoltes au moyen de l'écobuage, il fait sortir des céréales, il implante la culture du chou et du rutabaga. Il crée des prairies et amène du bétail. D'abord on rit de l'ardent pionnier, mais les faits étaient là. Et cette population bretonne, que l'on accuse si volontiers de routine et d'inertie, se transforme tout à coup. En quelques années, dans le seul canton de Nozay, on avait défriché 10,000 hectares de landes. Dans la région voisine, en Ille-et-Vilaine, on comptait en 1830 109,000 hectares de landes ; en 1879 l'étendue de ces terres incultes était réduite à 53,000 hectares. Dans la Loire-Inférieure la diminution fut plus considérable encore : les landes tombèrent de 130,000 hectares à 39,000, alors que dans le reste de la Bretagne, là où l'exemple de Grand-Jouan était ignoré, les landes restaient incultes comme par le passé.

L'apostolat de Riefel ne fut pas seulement ardent, il fut éclairé. D'autres auraient poussé les cultivateurs à produire surtout la denrée la plus demandée : le blé ; le fondateur de Grand-Jouan résista, il préconisa surtout l'élevage. Le sol de ces landes se prête peu à la prairie, par suite de l'absence d'eaux d'irrigation et du peu de régularité des pentes, mais il est propre aux racines fourragères ; c'est vers cette culture que Riefel s'efforça de diriger les populations rurales ; ses efforts n'ont peut-être pas eu tout le succès qu'il espérait. C'est qu'aussi l'attrait des récoltes de blé était une tentation bien forte.

Pour cette transformation il fallut tout créer de toutes pièces. L'outillage du cultivateur était primitif, la charrue égratignait à peine le sol : Riefel importa la charrue Dombasle ; il employa le noir animal, alors inconnu dans le pays ; il s'efforça d'accroître son bétail afin d'obtenir des engrais abondants. L'exemple fut suivi partout.

Le savant agronome avait surtout été frappé de l'ignorance des populations. Il voulut les instruire. Dès ses premiers travaux il amenait à Grand-Jouan quelques enfants pauvres et créait pour eux la première ferme-école qu'on ait eue en France. Les résultats furent tels qu'en 1833 le conseil général de la Loire-Inférieure fondait à Grand-Jouan une école primaire d'agriculture, où 20 enfants recevaient l'instruction. Puis l'école primaire devint un institut agricole que, vers 1842, le Gouvernement reconnut officiellement. Plus tard Grand-Jouan devait devenir, comme Grignon et Montpellier, une école nationale d'agriculture.

Riefel n'est mort qu'en 1886. Non à Grand-Jouan, que son grand âge l'empêchait de diriger et qui était alors comme aujourd'hui sous la direction de M. Godefroy, mais à moins d'un kilomètre de là, au cœur de l'ancien désert de Nozay, dans une demeure qui porte son nom et rappelle l'Alsace perdue : *Riefeland*. Toute sa vie d'homme s'est donc écoulée dans cette terre bretonne qu'il a pour ainsi dire créée.

Le souvenir de cet homme d'intelligence et de cœur se conserve à Grand-Jouan. Au milieu du jardin du directeur on a érigé son buste. Cette fine figure de vieillard est la première chose qui frappe en entrant à l'école.

Au point de vue de l'enseignement agricole général, peut-être Grand-Jouan est-il médiocrement placé. Sous ce climat presque maritime, sur ce sol maigre et froid, les cultures sont forcément peu variées. Le véritable emplacement d'une grande école d'agriculture destinée à fournir des professeurs départementaux et des directeurs de grands domaines, aurait dû être à la zone où se confondent les cultures du Nord et celles du Midi, où le pommier et la vigne, les plantes industrielles, les céréales et les prairies se rencontrent à la fois, près d'une grande ville d'où l'on aurait facilement amené des professeurs, Nantes ou le Mans étaient indiqués. Mais Grand-Jouan existait, il a été maintenu, il faut en tirer le meilleur parti possible.

C'est ce que fait le directeur actuel. Depuis le jour où M. Riefel est venu défricher les landes de Nozay, la science agricole a fait un pas immense. Ce qui était alors le progrès nous paraît fort arriéré aujourd'hui. C'est ainsi qu'à la prudente culture des premières années a succédé maintenant la culture intensive. On a même tenté la betterave qui, dès maintenant, donne des produits abondants. Dans ces terres naturellement peu fertiles, le rendement a atteint 39,500 kilogr. à l'hectare. Le maïs-fourrage, les choux, les rutabagas, qui ont une part considérable dans l'assolement, n'ont pas produit de moins bons résultats.

Les céréales, malgré tout le soin apporté à leur culture, sont loin de donner les rendements que la culture améliorée par les engrais chimiques peut donner dans d'autres sols. En 1886, la moyenne à l'hectare n'a pas dépassé 23 hectolitres.

C'est une preuve de l'intérêt qu'il y a pour ce pays à suivre les avis de Riefel en tournant les idées vers la production du bétail. M. Godefroy a entrepris des expériences très intéressantes pour la création de prairies. On est parvenu aujourd'hui, grâce à ces expériences, à pouvoir composer des prés excellents, autant du moins que le permet la nature du sol et à créer de la sorte des pâturages qui sont le complément indispensable de la culture des racines. M. Godefroy a transormé en fruitière une chapelle abandonnée ; on est en droit d'espérer beaucoup pour le pays de cette création, qui permettra de développer la production du lait en Bretagne.

Malgré ces résultats, on revient de Grand-Jouan avec l'impression que si cette école est précieuse pour l'amélioration des terres pauvres, des terrains froids du versant de la Manche et des départements granitiques du plateau central, elle ne saurait suffire aux besoins de l'agriculture pour les riches pays du val de Loire et du Sud-Ouest.

Les élèves de Grand-Jouan, outre qu'ils sont peu enclins à travailler pratiquement et ne tiennent guère, par exemple, à aller sarcler ou bêcher, préférant à ces travaux techniques l'étude des livres et le laboratoire de chimie, n'ont pas sous les yeux des cultures qui sont cependant d'un intérêt immense pour le pays. Ils ne peuvent apprendre, dans les landes de Nozay, la culture en grand des plantes industrielles du Nord : betterave à sucre, colza, œillette, lin, cameline, houblon, etc… La vigne, le mûrier, le maïs à grains, le topinambour, le chanvre et autres plantes méridionales ne sont là qu'à l'état d'échantillons de jardin botanique. Dans ces conditions, malgré tous les efforts des maîtres, Grand-Jouan donnera plutôt des théoriciens que des praticiens, à moins que les élèves ne se mettent ensuite à parfaire leur apprentissage. C'est ainsi que dans une île de l'Océan dont je tairai le nom, on a vu une fois un professeur d'agriculture venir faire une conférence sur le maïs, qui n'a jamais pu croître dans l'île !

Cependant, telle est la direction donnée à Grand-Jouan, que, malgré cette situation défavorable, un grand nombre d'agronomes distingués et de professeurs d'agriculture sont sortis de cette école ; elle a fourni plusieurs agronomes à l'étranger. On trouve jusqu'au Chili et en Amérique d'anciens élèves de Grand-Jouan. Mais son grand titre de gloire, celui dont elle a le droit d'être fière par-dessus tout, tient à ce que c'est à l'exemple des travaux de Nozay qu'on doit la transformation d'une grande partie de la Bretagne. Puisse l'exemple franchir les limites encore étroites du rayon d'influence de Grand-Jouan et amener le reste de la Bretagne, le Morbihan, le Finistère et les Côtes-du-Nord, à entrer enfin dans la voie du progrès !

# XXII

## CLISSON ET LES LACS DE L'ERDRE.

Paysages méconnus. — Les lacs et les bords de l'Erdre. — Nort. — Le lac de la Poupinière. — Lac de Mazerolles. — La Sèvre-Nantaise. — Clisson. — L'Italie en Bretagne. — Cacault et Lemot. — La garenne Lemot et la garenne Valentin. — Le château d'Olivier de Clisson.

Clisson, « Tivoli de l'Occident ».

Nous sommes un peuple vraiment singulier : tout site étranger, lac ou montagne, devient aussitôt merveille et nous laissons sans une visite tant de coins de la France bien autrement beaux. Qui donc connaît les aimables lacs du Dauphiné et du Bugey : Paladru ou Silan ? Mais qui oserait ignorer Thun et Brienz ? A peine commençons-nous à visiter la Rance ; encore est-ce parce que la mode est venue de se rendre à Dinan et à Saint-Malo.

Dans cette Bretagne même, combien de sites inconnus, dignes encore d'admiration ! Je viens de parcourir une de ces contrées, dont la célébrité serait grande si on la rencontrait en Écosse ou en Suisse. Dans notre pays, en dehors des géographes, se doute-t-on de l'existence de la vallée de l'Erdre, de ses lacs, de ses fjords, de ses admirables rives ?

Il ne faut pas s'en prendre trop à notre ignorance cependant. La vallée de l'Erdre serait plus connue si on pouvait longer la rivière et les lacs. Mais aucune route ne la borde, chemins de fer et chemins se tiennent loin sur les hauteurs ou bien au delà des marais. A moins d'avoir un bateau à vapeur pour remonter à Nort, il est presque impossible de visiter ce curieux bassin de rivières, suite de lacs et de défilés, d'aspect tour à tour aimable et grandiose.

L'Erdre comprend deux parties : la rivière, une étroite rivière, et la zone lacustre. La première commence non loin d'Angers, pour se diriger, vers Candé, par une vallée bizarrement régulière. Au delà de cette ville, le cours d'eau devient plus tortueux, mais les villages sont rares, c'est une des parties les plus désertes de la Bretagne. Parvenue au delà de Joué, la rivière tourne brusquement au sud pour se diriger vers Nort.

Cette petite ville est dans une situation charmante, les landes de Saffré y finissent brusquement par des pentes douces, descendant vers l'Erdre et la dépression où passe le canal de Nantes à Brest. La ville est une longue rue traversant l'Erdre sur un pont très élevé. Au-dessous même du pont, est un petit port ; l'Erdre devient navigable sur ce point. Nort est le port d'attache des bateaux à vapeur qui font le service du remorquage sur les lacs.

La rivière, d'abord très étroite, s'élargit peu à peu. Elle coule, paresseuse et profonde, entre de belles campagnes, des bois et des parcs, pendant une lieue. Elle atteint ainsi un village nommé la Poupinière ; là, brusquement, elle s'élargit, formant un lac ovale très allongé, appelé *plaine* de la Poupinière. Le mot *plaine* remplace ici notre mot de lac.

Le lac a deux kilomètres de long ; il peut avoir mille mètres dans la plus grande largeur. Ses rives en sont malheureusement basses, bordées de marécages, du bord on ne peut en embrasser l'étendue.

Quant à le suivre, il n'y faut point songer. Je m'étais proposé d'en longer les rivages, mais ceux-ci sont des marais mouvants, coupés de chenaux bordés d'arbres touffus. Après bien des efforts, il me fallut tenter de gagner le canal. Trouant les buissons, sautant des fossés, harassé, baigné de sueur, par un soleil ardent qui transformait les marais en étuve, je pus enfin atteindre le canal de Nantes à Brest et le suivre jusqu'à l'écluse qui lui donne accès dans la plaine de la Poupinière.

J'espérais y trouver un bateau, il n'y en avait pas un seul. Le chemin de halage cesse brusquement à l'endroit où le canal atteint le lac. Et toujours des marécages, moins étendus cependant que sur la rive opposée où les marais, reste évident de lacs plus étendus, couvrent une surface immense. L'éclusier me conduisit par un sentier jusqu'au château de la Revauchère, d'où un chemin devait me faire gagner la *plaine* de Mazerolles.

Oh! ces chemins de Bretagne! On n'est là qu'à vingt kilomètres de Nantes et l'on rencontre des sortes de fossés vaseux, ayant jusqu'à un pied d'eau, bordés de haies impénétrables pour empêcher de passer dans les terres. Ce sont les *chemins ruraux*. On comprend à voir ces fondrières, nous reportant à cent ans en arrière, le peu de progrès de l'agriculture. Comment faire passer des voitures par ces chemins? même dans les hameaux, comme la Bodinière, les maisons sont séparées par des cloaques!

Enfin je pus gagner le Lavoir, hameau misérable, traversé par un chemin empierré conduisant à l'Erdre. Là est un petit hameau de pêcheurs, la Gamotrie ; on me loua une barque plate, prenant l'eau, si basse que le moindre mouvement semblerait devoir la faire enfoncer.

Un pêcheur me conduisait, se servant uniquement de la godille.

L'Erdre s'élargit presque aussitôt, comme un estuaire ; on pénètre dans un vaste bassin rempli de roseaux, bientôt les roseaux cessent, on double un petit promontoire, une immense nappe d'eau gracieusement se développe aux regards. Nous sommes sur le lac ou plaine de Mazerolles.

Le lac a trois kilomètres de long et plus de douze cents mètres de large. La rive occidentale, coupée de petits golfes, est bordée de collines basses ; la rive orientale est un immense marais que dominent, çà et là, quelques buttes, anciennes îles du lac primitif.

Est-ce l'éloignement, est-ce le calme et la splendeur de la nappe lacustre ? les fermes du village, tout à l'heure si misérables, deviennent riantes. Taches blanches dans les arbres ou sur le fond vert des prairies, elles évoquent des souvenirs idylliques.

Nous voici au milieu du lac. Devant nous deux îles se présentent, l'une d'elles a à peine cinquante mètres de longueur ; elle surgit verte du sein des caux, dominée par deux grands chênes. Cinq vaches y paissent, mais personne pour les surveiller. A quoi bon !

L'autre île est plus étendue ; elle se dresse au bord du marais dont la sépare un étroit chenal. C'est l'île Saint-Denis. Elle peut bien compter trois cents mètres en tous sens. C'est un mamelon planté d'arbres, portant au sommet une élégante maison.

Entre les deux îles, le coup d'œil est ravissant. On embrasse toute la surface du lac. Tous les détails se distinguent. C'est le paysage classique des vieux peintres dans toute sa pureté. Ilots boisés, petites collines surmontées de moulins à vent dont l'un est en ruines, terres labourées mettant des teintes fauves au milieu du vert des moissons, belles villas entourées d'arbres. Le roi de ce paysage c'est le châtaignier. Ces beaux arbres à la vaste ramure sont d'un admirable effet. Quelques-uns viennent jusqu'au rivage. Au fond du tableau les rives se resserrent, les collines s'exhaussent, couvertes de bois ; le lac prend l'aspect d'une gorge.

On se laisse bercer par le bateau pendant que défilent lentement les promontoires. Les rives sont maintenant plus accidentées, des arbres arrivent, par myriades bourdonnantes, des vols de hannetons Un coup de vent les prend et les précipite sur le lac, bientôt couvert d'insectes.

Deux promontoires se font face. L'un, sur la rive orientale, porte le moulin ruiné de la Guillonière, l'autre la ferme du Rochet. A partir de ce point, l'Erdre est un véritable fjord, bordé de hauteurs boisées ; les arbres viennent se pencher sur le flot. Des blocs de roches éboulées bordent la rive, de beaux châteaux la dominent. Çà et là la falaise cesse pour laisser un petit coin de prairie où il ferait bon débarquer. Mais tout est gardé avec un soin jaloux ; de distance en distance, devant chaque débarcadère desservant les villas, des écriteaux interdisent de descendre à terre. Le lac et l'Erdre, propriété nationale cependant par leur caractère de voie navigable, sont en quelque sorte confisqués. A quand un chemin longeant la rivière et les plaines ?

Un dernier contour nous fait perdre de vue le lac de Mazerolles. Maintenant je regrette l'étincelante nappe d'eau. Certes, elle n'a pas les rives majestueuses des lacs de montagne, mais son charme est intime et pénétrant, grâce à ses rives fraîches, à ses flots et aux bouquets d'arbres qui la bordent, grâce surtout à sa solitude.

On peut rester des heures sans qu'une voile vienne mettre une tache blanche sur l'azur des eaux. Puis arrivent les lourdes gabares dont la voile triangulaire se déploie, elles glissent lentement sur la surface du lac. D'autres fois encore, quand le vent est contraire, un remorqueur passe, traînant une lourde file de gabares, et, soudain, le lac prend l'aspect d'un de nos grands fleuves, la Garonne à Bordeaux ou la Seine au-dessous de Honfleur.

A un dernier détour voici un petit port ombragé d'arbres, dominé par les maisons d'un bourg. C'est Sucé. La rivière est traversée par une longue jetée trouée par une arche hardie mais étroite. Sous cette arche passe tout le flot de l'Erdre, si large en amont.

Large en aval aussi. A peine le pont est-il dépassé que l'Erdre devient plus pittoresque encore, s'il est possible. Les rives présentent des rochers à pic, enveloppés de verdure, les villas sont plus nombreuses. Malheureusement on ne peut suivre la berge. J'avais renvoyé mon bateau, sur la décevante assurance de trouver un chemin longeant l'Erdre. Il y a bien une route, en effet, pour gagner la Chapelle, mais elle passe à plus de cinq cents mètres du rivage. En quittant fréquemment le grand chemin, on peut gagner des sommets d'où l'œil plonge sur la vallée. Celle-ci est d'une beauté indicible : l'Erdre s'est de nouveau élargie formant des successions de bassins tranquilles et de gorges. La végétation est superbe. J'ai retrouvé là, croissant dans la roche, de belles asphodèles au thyrse violacé. Je n'en avais pas vu depuis l'Algérie et l'Espagne.

Au-dessous de la Chapelle-sur-Erdre, la rivière dessine un petit lac aux rives géométriques, où aboutissent deux golfes. L'un d'eux est formé par le cours inférieur du Hochard dont les eaux parvenues au niveau de l'Erdre sont maintenues par lui; comme, dans un estuaire, les eaux douces par un flot de marée. Le chemin de fer de Châteaubriant le franchit sur un viaduc d'un grand effet décoratif.

Au-dessous de la Chapelle, après un dernier épanouissement près de Port-Brégeon, l'Erdre se resserre, tout en gardant ces épanouissements et ces rétrécissements qui se succèdent d'une façon rythmique. Mais le paysage est moins solennel, les villas se pressent, les canotiers nantais conduisent leurs bateaux sur des eaux déjà citadines. Bientôt les maisons bordent le rivage d'une façon continue; des quais se montrent, l'Erdre se rétrécit soudain; elle prend les dimensions d'un canal. Nous sommes à Nantes.

Les rivières sont la vie de cette grande cité —

l'Erdre est peut-être plus Nantaise que la Loire elle-même, car elle pénètre au cœur de la ville. Moins citadine est la Sèvre. Elle aussi, cependant, traverse une partie de Nantes, mais sur l'autre rive de la Loire, vers Pirmil et Pont-Rousseau. C'est un chenal profond et tranquille bordé de beaux arbres, où la marée se fait sentir. Un bateau à vapeur remonte jusqu'à Vertou, permettant d'admirer la riante vallée. Malheureusement la navigation active n'existe guère au-dessous de ce point, bien que la rivière soit officiellement navigable jusqu'à Monnières, non loin de Clisson, et que son affluent, la Maine, soit également censée porter bateau jusqu'à Château-Thébaud. De même que pour l'Erdre, il n'y a pas de route au bord de ces rivières, leurs vallées si profondément encaissées, si pittoresques, sont donc pour longtemps encore ignorées.

Mais la Sèvre-Nantaise a obtenu une fortune singulière et bien rare. Clisson, la plus importante ville de ses bords, avait été détruite entièrement pendant la guerre de Vendée ; son château, un des plus beaux et des plus formidables de Bretagne, fut brûlé par Kléber quand, à la suite de la bataille de Torfou, il dut battre en retraite. Plus tard la ville subit le même sort. Pendant plusieurs années l'emplacement resta désert, il n'y avait pas une maison debout.

Le site était beau, ces ruines solennelles, dans cette gorge profonde où se réunissent deux rivières, avaient un caractère de romantisme qui séduisit François Cacault, l'ambassadeur de la République à Rome. Son frère, Pierre, était venu s'installer sur les ruines de Clisson et s'efforçait de relever la ville avec l'aide des anciens habitants. On reconstruisait les maisons sur les vieux plans. François Cacault intervint. Épris de la Péninsule, il rêva de faire, dans ce coin de la Bretagne, une petite ville italienne aux toits en terrasses, aux villas ornées de portiques. Il construisit lui-même une vaste habitation, dans laquelle il installa une galerie de tableaux rapportés de Rome.

Cacault avait pour ami Lemot, le grand statuaire lyonnais. L'artiste s'enflamma pour l'idée de relever Clisson. Il voulut lui-même faire le plan de la nouvelle ville et donner les dessins des habitations. De cette association devait naître ce qu'on a, un peu pompeusement peut-être, appelé le « Tivoli de l'Occident ».

Lemot n'a bien réussi qu'une partie de son œuvre, la reconstruction de la ville. Il a été moins heureux dans les petits édicules semés sur les rives de la Sèvre, non loin du château dont il acheta et répara les ruines.

Les abords de Clisson, vers la gare, sont quelconques ; ils ressemblent à tant d'autres entrées de petite ville près du chemin de fer. Si les bâtiments de la station sont élégants, il est à regretter que l'on n'ait pas suivi, pour les maisons particulières, les types que Lemot avait créés en s'inspirant de l'Italie ; c'est un peu au delà de la gare, dans les rues descendant vers la Sèvre, que l'on commence à trouver les premiers édifices du goût italien : maisons de pierres aux cordons de briques, toits plats, galeries ornées de lierre et de glycines. Sur les deux rives de la rivière et sur celles de la Moine, la disposition en amphithéâtre de ces maisons aux lignes sobres, s'harmonisant avec le caractère à la fois gracieux et classique des collines, est d'un effet admirable. Comme par un coup de baguette on est transporté à des centaines de lieues de la Bretagne. La verdure des pins qui abondent dans le paysage donne au tableau un aspect italien d'une étonnante vérité.

Les édifices de Clisson, hôtel de ville, église, gendarmerie, ont été traités dans le même goût. On vient de livrer au culte une église nouvelle d'un art charmant, inspirée par les temples de Toscane ; elle se dresse au-dessus de la Sèvre.

Sur cette rivière est un vieux pont ogival, dont les teintes grises mettent encore plus en relief l'aspect chaud de ce paysage. Mais le monument moderne de Clisson est le beau viaduc de la Moine, haut de plus de 15 mètres, porté par quinze arches. Du tablier on a une vue splendide sur le lit de la Moine encombré de rochers, sur sa jonction avec la Sèvre et sur le château

Ce n'est pas cette partie de Clisson qui attire les visiteurs. Cette reconstitution heureuse d'une ville italienne dans les gorges de Bretagne frappe moins la masse des touristes que la garenne Lemot.

Cette « garenne » est charmante, d'un charmant mauvais goût, elle rappelle à la fois Corinne et les sujets de pendule de l'Empire. Imaginez une pente étroite, où la roche perce, où de grands arbres d'un port superbe s'élèvent ; là-dedans de petites allées, des obélisques, des temples grecs, des stèles, tout le bagage classique d'il y a quatre-vingts ans.

Lemot n'est pas parvenu cependant à gâter la nature. Mais il a eu le tort de viser à l'économie. Où il aurait fallu des matériaux solides, il a un peu trop usé du stucage, c'est ainsi que son temple de l'Amitié s'en va par écailles.

Il est heureux que son amour pour l'Italie lui

ait laissé le goût des ruines. Bien d'autres, en ce temps-là, auraient jeté bas les restes du château du connétable de Clisson et des ducs de Bretagne. Il a préféré les garder et nous a conservé ainsi une des plus belles ruines de France. Les tours, les remparts à mâchicoulis couverts d'arbustes et de lierre sont d'un grandiose aspect. Combien, auprès de ces débris, formidables encore, semblent mesquins et puérils, la *grotte d'Héloïse*, les *bains de Diane*, les *temples de Vesta* et de l'*Amitié* et les versiculets gravés sur des rochers hauts comme une botte, évoquant l'idée des grandes Alpes! Dans ce paysage d'opéra-comique où les rochers eux-mêmes semblent factices, on ne peut s'empêcher de sourire en lisant :

La masse indestructible a fatigué le temps !

Le temple de l'Amitié est le tombeau des frères Cacault; Lemot repose dans le cimetière sous un temple grec — toujours.

Malgré tout, garenne Valentin et garenne Lemot sont deux parcs charmants, qui méritent d'attirer le visiteur. Mais combien est plus curieuse la partie de la ville que les constructeurs de nos jours n'ont pas peuplée de maisons de style chemin de fer ou maison d'école ! Si j'avais l'honneur et la joie d'être maire de Clisson, je ferais des bassesses auprès de mes administrés pour les empêcher de se livrer aux architectes qui dépareraient l'œuvre de Lemot. Le jour où les toits d'ardoises et les façades banales domineront, qui donc songera à visiter Clisson ?

Puisque cette ville a eu la chance singulière d'échapper au moule moderne, qu'elle évite avec soin de s'y faire enfermer.

Qu'elle crée le long de ses rivières murmurantes, au fond de ses gorges, des petits sentiers comme ceux de la garenne Lemot et peut-être le « Tivoli de l'Occident » verra-t-il la foule des touristes en faire un de ses lieux de rendez-vous. Qu'elle garde aussi ses ruines féodales, sa chapelle de la Madeleine du Temple, la chapelle de Toutejoie, monuments qui sont de l'art vrai, comme elle gardera l'art factice de ses garennes.

# XXIII

## LE LAC DE GRAND-LIEU

*Nouvelle édition d'une vieille légende. — De Nantes au lac de Grand-Lieu. — Bouaye. — L'Acheneau. — En bateau sur le lac. — Passay et ses pêcheries. — Saint-Philbert-de-Grand-Lieu. — A qui le lac ?*

Saint-Philbert-de-Grand-Lieu.

Il y avait une fois une ville dont les habitants s'étaient, par leurs vices, attiré la malédiction divine. En vain le ciel leur avait-il prodigué les avertissements, ils n'en continuaient pas moins une vie de désordre. Lassée, la Providence fit engouffrer la ville dans le sol et un lac la remplaça.

C'est l'histoire de Sodome et de la mer Morte !

Eh ! oui, c'est l'histoire de Sodome, c'est aussi l'histoire de la ville d'Ys en Bretagne, de la ville d'Ars en Dauphiné dont on entend, dit-on, tinter les cloches au fond du lac de Paladru. Légendes qui doivent avoir leur origine dans l'existence de villes lacustres emportées par les tempêtes.

La ville maudite dont je retrace l'histoire d'après la légende, est celle d'Herbauge ou d'*Herbadilla* ; le lac qui la recouvre est celui de Grand-Lieu, étalé, non loin de Nantes, dans une vaste dépression où s'écoulent des eaux de petites et paresseuses rivières. De Saint-Philbert, petite ville bâtie au bord de la Boulogne, rivière centrale du bassin, j'aperçois à l'extrémité d'un vaste marais, la masse immense du lac, jusqu'aux abords de Bouaye. Le ciel est gris, le vent souffle presque en tempête, le lac moutonne, de petites voiles carrées passent au loin, rapides, pour gagner un abri au fond des anses ou sur les grèves où l'on hale les bateaux. La route de Nantes à Grand-Lieu est charmante, c'est la Bretagne heureuse ; beaucoup de prairies, de petites collines couvertes de vignes, vignes aux souches énormes, plantées entre de hauts billons d'argiles pour protéger les jeunes pousses contre les gelées printanières. Le chemin de fer court au sommet du coteau, permettant parfois d'apercevoir un coin de Loire ; puis, aux abords de Bouaye, il descend brusquement vers les marais qui bordent le lac.

Bouaye est un grand village sans caractère, mais sa campagne est grasse et fertile ; certains vignobles des environs y contrastent avec les ceps moussus cachés dans les billons. Le sol est parfaitement ameubli et nivelé, des ceps courent sur des fils de fer ; grâce au traitement au sulfate, ils ont une végétation exubérante.

Déjà les fruits abondent, nous sommes en présence d'une culture perfectionnée et qui devrait avoir des imitateurs.

Pour arriver au lac, il faut suivre la route de Machecoul pendant quelques instants et gagner une longue jetée barrant la nappe d'eau vers le nord. Cette jetée, cette digue plutôt, joue un grand rôle dans les préoccupations locales ; elle a pour but d'empêcher la libre communication du lac avec son déversoir et d'obliger les troubles en suspension à se déposer sur le fond du lac, c'est-à-dire de le colmater. Or les riverains vivant par la pêche et la navigation, sont fort hostiles à ce colmatage.

L'issue du lac, jadis dans l'angle nord-ouest, a été rejetée au nord-est, près du hameau de l'Étier. Entre la terre ferme et la digue, reste enfermée une étroite masse d'eau, c'est le nouveau cours de l'émissaire de Grand-Lieu, l'Acheneau ; par là viennent les bateaux de la Loire, à destination des rivages du lac et de Saint-Philbert.

La jetée, bordée de saules, s'abaisse vers une partie du lac semblable à un immense marais, peuplée de hauts roseaux masquant la vue de la nappe. Cette jetée a deux kilomètres de longueur; elle se termine brusquement à l'est devant un étroit courant. C'est l'issue de l'Acheneau, par où s'écoulent les eaux de Grand-Lieu. Là est un petit port, deux grands chalands, leurs voiles repliées, y sont amarrés. Ces bateaux chargés de chaux viennent l'un de Chalonnes, l'autre de Montjean. Ils ont descendu la Loire, traversé Nantes, et sont venus prendre, bien au-dessous du Pellerin, le canal de Buzay, issue créée à l'Acheneau au siècle dernier par des moines de l'abbaye de Buzay, puis ils ont remonté le petit fleuve par Cheix, Port-Saint-Père et Saint-Léger, avant de gagner le lac qu'ils doivent traverser pour atteindre Saint-Philbert.

Un batelier me passe sur l'autre rive, où je trouverai une barque pour parcourir le lac ; là, sur un *étier*, est un petit port où sont amarrées des barques de pêche. Un pêcheur consent à me conduire, nous sortons de l'étier, la barque frôlant des roseaux épais, puis nous voici sur l'Acheneau. Il vente bon, la voile est hissée au mât, nous sommes sur le lac.

Singulier lac! les rives sont basses et se confondent avec les eaux où les roseaux sont si nombreux qu'on croirait ne pouvoir passer ; cependant la barque avance rapidement, couchant devant elle les herbes aquatiques ; sous elle joncs et roseaux bruissent avec un rythme singulier. C'est, me dit le rameur, l'âme des habitants d'Herbauge.

Cette partie marécageuse du lac se prolonge pendant une demi-lieue, enfin voici les eaux libres. En même temps les rivages s'exhaussent. De chaque côté de petites collines, recouvertes de pins et de peupliers, se dressent entre des anses profondes.

Le lac moutonne un peu ; le clapotis des vagues a remplacé le bruissement des roseaux, les voiles des pêcheurs animent la nappe agitée. Au fond, tout au fond du tableau, Saint-Philbert-de-Grand-Lieu dresse la flèche de pierre de son église. Des collines s'exhaussent, très vertes, les vignobles mettant des teintes plus claires entre les masses touffues des bosquets et des vergers. De riants villages, des maisons isolées couvrent le flanc de ces coteaux. Peut-être le panorama perd-il à la direction trop uniforme des hauteurs, on voudrait des lignes moins régulières.

Nous sommes maintenant au cœur du lac, à hauteur de Passay ; on voit Grand-Lieu dans toute son étendue : il a 9 kilomètres du nord au sud ; 7 de l'est à l'ouest. Le vent nous pousse vers la côte de Coutais où le pays s'exhausse un peu,

couvert de fermes, dominé par des moulins à vent.
Saint-Mars-de-Coutais est masqué en partie par ce
ressaut de terrain, mais son église pointe au-dessus des arbres. D'autres clochers, Saint-Léger et
Port-Saint-Père, apparaissent vers le nord.

Maintenant la côte s'abaisse de nouveau, bordée par les immenses marais de Saint-Lumine ;
en louvoyant, nous regagnons le milieu du lac
pour tâcher d'atteindre Passay. Ce village, centre
principal de la commune de la Chevrolière, est
sur une sorte de presqu'île entre l'embouchure de
l'Ognon et un golfe assez profond. A mesure que
nous approchons, les détails s'accusent. Vers
Saint-Aignan on voit se creuser deux profondes
anses ; plus bas, comme un estuaire s'ouvre l'embouchure de l'Ognon. Cette rivière n'est qu'un
ruisseau à une lieue de là, mais elle s'évase peu
à peu et atteint près d'un kilomètre de largeur à
son entrée dans le lac. Le lit, il est vrai, est encombré de roseaux, cependant une bande d'eaux libres
permet aux embarcations de remonter jusqu'à
Pont-Saint-Martin, où la rivière devient ruisseau.

Mon guide me nomme, une à une, les fermes
et les villas qui bordent le lac. Voici Lamoricière,
hameau qui a donné son nom au général, né à
Nantes ; plus loin, sur la colline, le château de
Grand-Champ.

— Ça appartenait à un Monsieur qui écrivait contre le Gouvernement.

— Vous l'appelez?

— M. Platel, conseiller général.

M. Platel, c'était *Ignotus* du Figaro ! Il écrivait contre le Gouvernement ! Pauvre Ignotus ! il a écrit bien d'autres choses. N'a-t-il pas dit de ce même lac de Grand-Lieu un jour de tempête :

« Le lac a l'air d'une immense mamelle que le ciel noir tette. »

Entre l'anse de Saint-Aignan et l'Ognon, une longue péninsule basse s'avance. A l'endroit où elle s'enracine aux collines, un bouquet de pins parasols se dresse, dominant le château de la Hallebrandière et donnant à ce paysage un air de grandeur inattendu.

Après une course à la voile dans l'Ognon, nous revenons à la rame au village de Passay, bâti au pied d'une falaise basse que couronne une file de moulins à vent dont les ailes tournent gaiement. Le village est composé de maisons basses, aux toits rouges ; une petite grève le précède, les bateaux y sont halés ; des filets sèchent au soleil. Passay est le grand port du lac. Là viennent des voitures chargées de cuves où s'entassent perches, brêmes, carpes et anguilles destinées à l'alimentation du pays voisin.

La pêche est pour les populations riveraines une ressource précieuse. Grand-Lieu est un réservoir inépuisable de poissons. Les anguilles abondent dans ces eaux calmes, en communication avec la mer, d'où montent leurs bandes, puisque la marée se fait sentir jusqu'à l'entrée du lac. A l'étier de Bouaye, en 1889, on a conduit pour 15,000 fr. d'anguilles. C'est à partir d'août ou de septembre que commence la pêche ; elle est favorisée par les temps noirs, quand la tempête agite les eaux, que le lac *braume* comme on dit ici ; alors le poisson, en foule, cherche à sortir par l'étroite brèche de l'Acheneau, il va *mareyer*, on le prend en quantités énormes. Outre l'anguille, qui est en grande partie envoyée à Paris, le lac est riche en variétés d'un transport moins facile et qu'on consomme à Nantes et dans le reste du pays : tanches, carpes, brochets, brêmes et gardons. Ces poissons sont délicieux. Il faut les manger à l'auberge de l'étier, alors qu'on les retire tout frétillants des viviers, si l'on veut en avoir la saveur exquise.

Passay est le grand marché. Par une association d'idées inattendue, ce village de pêcheurs est aussi un grand marché de volailles, on en porte de toutes les rives du lac. C'est par le lac qu'il vit ; aussi l'auberge bâtie près de la rive portet-elle pour enseigne : « A la cité d'Herbauge. » On aurait compris cela sur une chapelle, en guise de menace aux gens suspects de péché, mais sur un cabaret !

Du sommet de la motte occupée par le hameau, on a une vue étendue sur le bassin de Grand-Lieu. Assis près d'un moulin, je contemplais ce vaste paysage, auquel le voisinage des bancs de roseaux ondulants au loin donne un caractère mélancolique.

Une voix se fit entendre :

— A-t-il un beau domaine, hein ! M. le Marquis ?

— Quel marquis, quel domaine ?

Un pêcheur vint s'asseoir près de moi et me répondit :

— Le lac et les marais donc !

— Comment le lac sur lequel circulent les bateaux, ce lac navigable n'est pas du domaine public ?

— Dame non, il est au marquis et le marquis veut vider le lac pour faire des prés et ruiner le pauvre monde.

— Racontez-moi donc ça.

Mon interlocuteur me regarda un instant, hésita, puis, se levant brusquement :

— Après tout, je ne vous connais pas, peut-être

direz-vous tout au garde-pêche du marquis. Et le voici le garde-pêche, dit-il en me montrant une voile se dirigeant sur Passay. Au revoir, Monsieur.

Je n'en appris pas davantage.

Mais le batelier me fait signe de repartir si je veux arriver avant la nuit à Saint-Philbert ; nous remettons à la voile, nous quittons les roseaux pour reprendre la partie libre du lac. Une heure après s'ouvrait devant nous un estuaire semblable, mais moins profond, à celui de l'Ognon. Nous sommes dans la Boulogne, le vent nous pousse ; la rivière, large il y a un instant comme un bras de mer, n'est bientôt plus qu'un étroit chenal, nous le remontons pour accoster au petit port de Saint-Philbert-de-Grand-Lieu.

Ici j'ai questionné sur le « marquis » et l'on me remit une consultation, imprimée en brochure, avec les signatures d'éminents jurisconsultes bretons : M. Waldeck-Rousseau père, et son fils l'ancien ministre ; M. Bodin, doyen de la Faculté de droit de Rennes ; M. Grivart, bâtonnier à Rennes ; M. Genevois, bâtonnier à Nantes ; M. Gaulté, avocat à Nantes.

Le titre de l'opuscule est un peu long, mais clair :

*Le lac de Grand-Lieu, département de la Loire-Inférieure, est la propriété du domaine public.*

Je n'ai pas l'intention de faire ici de la jurisprudence, ni de prendre parti dans le démêlé survenu entre les riverains et le marquis — M. Le Clercq de Juigné.

Sous l'ancien régime le lac appartenait, paraît-il, à la famille de Juigné. Après la Révolution, Grand-Lieu et les rivières de son bassin reconnues navigables, le Tenu, l'Ognon et la Boulogne, furent annexées au domaine public. Plus tard, la famille de Juigné, étant rentrée en France, se fit donner par la Restauration la propriété du lac, revendiquant même les communaux de deux communes. Celles-ci intentèrent des procès; en 1829 et 1871, elles obtinrent satisfaction, aucun texte précis n'apporta la preuve de la propriété. Mais pour le lac, le procès était difficile; les communes riveraines sont nombreuses et il était malaisé de les grouper pour la défense commune. Afin d'affirmer son droit, l'occupant exécuta la jetée nord, destinée à déterminer le colmatage du lac et son envahissement par les roseaux. Il exerça rigoureusement le droit de pêche en prélevant le quart du produit ; en un mot, selon l'expression des avocats, il employa « toute la procédure ordinaire et la tactique traditionnelle des revendications indirectes, latentes, travaillant à se constituer une possession d'état ».

Malgré ces prétentions, le lac n'en est pas moins navigable. Les bateaux qui circulent sur la Boulogne et l'Ognon le traversent pour gagner l'Acheneau et la Loire. Le rapport des ingénieurs constate que ces cours d'eau font partie du domaine public, mais il dit que le lac a été reconnu propriété privée.

C'est contre cette théorie que s'élèvent les jurisconsultes ; ils affirment que jamais le lac n'a été détaché du domaine public. Abordant ensuite la question de droit, ils arrivent à cette conclusion que le lac, servant à la navigation publique, fait partie du domaine public, il ne peut pas plus être aliéné qu'aucune autre rivière navigable. Or, il y a des ports sur le lac et ses affluents : à Saint-Lumine, Passay, Pont-Saint-Martin, Saint-Aignan, l'Étier de Bouaye et le bourg de Bouaye, recevant des bateaux de 60 à 80 tonneaux. Appartient-il à un particulier de ruiner la navigation en arrêtant l'écoulement des eaux, les titres de propriété portant sur des parties de domaine public n'ont-ils pas été supprimés par la législation de 1790 ? Du reste, les auteurs du mémoire rappellent une ordonnance de 1669 désignant comme domaine de la couronne, *nonobstant tous titres et possessions contraires*, tous fleuves ou rivières portant bateaux sans artifices ni ouvrages de mains.

Le lac de Grand-Lieu n'est ni un fleuve ni une rivière, mais il est navigable et alimenté par des rivières elles mêmes navigables.

Malgré ces raisons, le lac n'en continue pas moins à être aux mains de M. de Juigné. Les riverains voient avec crainte les atterrissements réduire la zone navigable, les pêcheurs ne se soumettent pas sans protestations à payer une lourde redevance. Ces protestations ont paru assez justes aux honorables jurisconsultes bretons, pour qu'ils aient, à défaut de l'État, revendiqué pour l'État la propriété du lac. Pour eux Grand-Lieu est à l'État depuis la loi de 1790. Il n'aurait pu être cédé qu'en vertu d'une loi ou d'un décret ayant force de loi. Or « rien de semblable n'apparaît ».

Telle est cette affaire du lac de Grand-Lieu. Elle soulève de graves problèmes ; même pour qui n'est pas directement intéressé à la voir résoudre il apparaît clairement qu'elle devrait être tranchée.

Me plaçant à un autre point de vue, il semble inexplicable qu'une masse d'eau aussi considérable soit ainsi livrée à la volonté d'un seul homme. Le colmatage est chose grave : il crée des marais nouveaux dans une région déjà trop paludéenne, il empêche de faire du lac de Grand-Lieu le grand régulateur des eaux dans cette région, il s'oppose à l'amélioration d'un admirable réseau naturel de navigation. Il faudrait prendre les choses de plus haut; si l'idée que la propriété est à M. de Juigné peut être soutenue — et il peut la revendiquer puisque les ingénieurs des ponts et chaussées reconnaissent au lac la qualité de domaine privé, — pourquoi ne pas chercher à racheter ce domaine comme on rachète des canaux ? Ce serait un moyen pratique d'arriver à une solution. Si les droits de l'occupant sont douteux, il sera d'autant plus facile d'arriver à un arrangement.

Il y a deux solutions pour cette question de Grand-Lieu : ou se mettre franchement à le dessécher pour livrer à la culture ses 4,000 hectares, ou le maintenir en l'état de lac. Cette dernière solution est celle que préféreront toujours les amis du pittoresque. Les grandes masses d'eau ne sont pas si nombreuses en France qu'on se prive d'une des plus vastes et des plus intéressantes.

# XXIV

## LA LOIRE DE NANTES A PAIMBŒUF.

Nantes. — Trop de rails. — Le passé et l'avenir d'un port. — Les conserves. — Le canal maritime. — Navigation et irrigation. — De Nantes à Paimbœuf. — Indret et Couëron. — La patrie de Fouché. — Visite aux travaux du canal. — Une émule de Rouen.

*Nantes.*

Je n'aurai pas la naïveté de découvrir Nantes. Depuis que la mode a créé les stations balnéaires de Bretagne, entre Vannes et les Sables-d'Olonne, la grande cité bretonne est une des villes les plus visitées de tout l'Ouest. Certes, la place Graslin et la place Royale n'ont pas encore une célébrité aussi universelle que la Cannebière, les allées de Tourny et la promenade des Anglais, mais pour tous les voyageurs, ces noms évoquent aussitôt l'idée d'une ville de noble ordonnance, aux rues droites et majestueuses, bordées de hautes maisons, en un mot, une des cités de province qui ont su acquérir au plus haut degré le caractère d'une métropole.

Malheureusement Nantes a laissé détruire l'aspect de son magnifique quai de la Fosse. Cette longue façade de palais et d'hôtels bordant la rivière, legs des grands armateurs nantais du siècle dernier, avait jadis un merveilleux parvis dans le large quai bordé de navires. On a commis la faute de le laisser envahir par la voie ferrée, non la voie ferrée inoffensive des ports, où les trains ne circulent guère que la nuit, mais une grande ligne où passent tous les trains allant à Saint-Nazaire ou à Lorient ; des barrières séparent le chemin de fer de l'étroite partie de chaussée restée libre, où les rails des tramways s'allongent d'ailleurs. Il n'y a communication entre les maisons et le bord du fleuve que par des passages à niveau.

Dangereuse déjà dans toute autre ville, une telle disposition est particulièrement défavorable dans une cité maritime où le chargement et le déchargement des navires nécessitent de vastes emplacements et une grande liberté de circulation, où les quais sont, en réalité, l'artère vitale.

La vie devrait être sur les bords de la Loire, à Nantes, puisque le fleuve y forme des îles nombreuses dont quelques-unes, remplies de maisons, sont de véritables villes: monumentales comme l'île Feydeau, bruyantes et affairées comme l'île Gloriette, industrielles comme la Prairie-au-Duc, mais les quais ne sont qu'un lieu de passage. Aussi Nantes vit-il au delà, dans les quartiers qui bordent l'Erdre, devenu canal étroit après avoir formé de beaux lacs. Malgré cette obstruction de ses quais, malgré l'étroitesse du bras de Loire qui touche au cœur de la ville, les grands courants étant plus loin, entre les îles qui donnent au lit du fleuve, de l'embouchure de l'Erdre à celle de la Sèvre, une largeur de deux kilomètres, l'aspect de cette partie fluviale de Nantes est fort gai. Les navires sont nombreux, des mâts et des voiles se succèdent au loin, au delà du promontoire dominé par la statue de sainte Anne, et d'où l'on découvre sur la ville une vue si belle. Mais ce n'est plus l'animation extrême d'autrefois : Nantes a eu son heure de décadence, le fleuve s'est ensablé, la marée avait de moins en moins de force. Aussi la puissance maritime de Nantes a-t-elle été, en grande partie, dévolue à Saint-Nazaire.

En 1889, le mouvement commercial entre Nantes et les pays étrangers a été de 79,000 tonnes à l'entrée, de 54,000 à la sortie, au total, 133,000 tonnes, tandis que Saint-Nazaire avait 532,000 tonnes à l'entrée et 142,000 à la sortie. C'est pour remédier à cette décadence que les Nantais ont entrepris de créer un canal latéral à la basse Loire, dans la partie du fleuve où les maigres sont plus nombreux. Déjà des dragages avaient bien permis de faire monter à Nantes des navires tirant cinq mètres d'eau, mais ces résultats étaient trop précaires. Cette lutte de Nantes contre son fleuve, contre la situation ingrate que lui fait la transformation de la marine est une chose admirable [1].

D'autres cités auraient déchu plus complètement encore, se seraient endormies, Nantes a résisté avec une vigueur toute bretonne. Cependant le sort fut dur pour elle. Jadis un navire calant trois mètres de tirant d'eau était un vaisseau de gros tonnage, alors Nantes, si admirablement placée dans l'intérieur des terres, à l'abri des attaques de l'ennemi, en face de continents où le commerce français le disputait avec tant de succès à l'Espagne et à l'Angleterre, voyait venir à elle les riches produits des Antilles et des deux Amériques. La Loire était le seul moyen de pénétration vers le centre de la France, les routes étaient embryonnaires, les chemins de fer n'existaient pas ; aussi, malgré ses imperfections, le fleuve était-il couvert de navires et de chalands venus du Niver-

---

1. Le tonnage complet, grand et petit cabotage, du port de Nantes en 1892, s'est élevé à 402,783 tonnes de 1,000 kilos; la même année Saint-Nazaire atteignait 1,781,110 tonnes; 2,640 navires étaient entrés à Nantes et 3,137 à Saint-Nazaire.

nais, du Berri, de l'Orléanais, de la Touraine, du Maine et de l'Anjou. Aucun port, pas même ceux de la Seine, cependant en relations avec Paris, n'avait de tels avantages. Il faut se souvenir de tout cela pour comprendre la fortune extraordinaire de Nantes au siècle dernier.

Cette splendeur évanouie, les Nantais de la vieille roche, les fils des hardis armateurs qui ont bâti le quai de la Fosse, rêvent de la faire renaître. Déjà ils ont su conquérir une situation industrielle puissante, bien que le rayon de leur ville n'offre guère d'éléments à leur activité. La fabrication des conserves, surtout, a pris une importance considérable ; personne n'ignore que la préparation des sardines à l'huile est presque entièrement entre les mains des Nantais. C'est pour des maisons de Nantes que tous les ports de l'Océan, de Brest aux Sables-d'Olonne et à Royan, vont poursuivre la sardine jusque sur les côtes du Portugal. Nantes fait vivre ainsi cette héroïque population de pêcheurs, qui alimente de matelots notre marine.

Pour cette industrie, Nantes n'est guère qu'un lieu de centralisation commerciale. La cuisson des sardines et la mise en boîte doivent se faire sur place, dans les ports de pêche. Par contre, la préparation des conserves de légumes est bien nantaise, ainsi que les industries accessoires : boîtes en fer-blanc, impressions sur fer-blanc. D'autres usines, dans la banlieue, décortiquent le riz, font de la pâte de bois pour la papeterie, préparent des salaisons. Des fabriques d'huile et de savon, une très importante usine à agglomérés de houille, des fonderies, des fabriques de biscuits complètent un ensemble industriel considérable.

Mais la grande industrie nantaise est restée la construction navale. De nombreux chantiers bordent les divers bras de la Loire, vers Chantenay; dans l'île de la Prairie-au-Duc, où s'élève la belle gare des chemins de fer de l'État et de la ligne de l'Ouest, les chantiers de la Loire ont d'importants ateliers. C'est l'établissement le plus considérable de la ville.

Les chantiers lancent d'assez grands navires, la marine nantaise se flatte que le jour viendra où les grands vapeurs de commerce seront construits à Nantes. On compte pour cela sur le canal maritime[1], déjà l'État a confié à l'industrie nantaise la construction d'un de ses grands croiseurs.

---

1. Depuis que ces lignes ont été écrites, le canal, dont nous décrivons plus loin les travaux, a été ouvert à la navigation.

J'ai pu visiter les travaux du canal avant leur achèvement, sur un des bateaux des ponts et chaussées où l'un des ingénieurs m'a gracieusement accompagné. L'excursion est charmante ; la navigation sur la Loire présente, à chaque tour d'hélice, des paysages nouveaux Au delà de Chantenay, Nantes disparaît au regard ; on suit l'étroit chenal du fleuve, maintenu entre des digues qui donnent à cette partie de la Loire une profondeur d'eau suffisante pour le passage des navires de cinq à six mètres de tirant d'eau et que des dragages accroissent de jour en jour. Les rives sont, à distance, bordées de collines qui dominent de vastes prairies. Haute-Indre et Basse-Indre, les principales escales, sont de petits monticules, anciennes îles recouvertes par les maisons de pittoresques villages de pêcheurs Dans une île, Indret montre au passage les cheminées fumantes des vastes ateliers où la marine de guerre construit les machines à vapeur de la flotte. Plus loin c'est Couëron, une des plus grandes usines de France pour la préparation du plomb et du cuivre. En 1870, Couëron, déjà florissante, fut monopolisée par l'État pour la production des balles et du cuivre nécessaire à l'armement. Ce simple détail suffit à faire comprendre l'importance de cette grande usine, placée à l'abri des invasions, en relation avec toutes les voies navigables et les chemins de fer.

Couëron est née du régime douanier, pour échapper aux droits de douane fort élevés qui frappent les plombs étrangers. Au début, on y traitait uniquement les minerais de plomb de Sardaigne. Les bateaux anglais qui allaient à la Spezzia porter du charbon revenaient chargés de minerais italiens. Aujourd'hui, les minerais de plomb argentifère de Pont-Péan, près de Rennes, l'alimentent en grande partie.

La galène de Pont-Péan contient une assez forte partie d'argent. Le plomb obtenu est traité sur place, transformé en feuilles, en tuyaux, en plomb de chasse, en céruse, en minium. Pour la fabrication du plomb de chasse, on a dû construire une haute tour. On sait que le plomb, fondu dans une passoire et tombant en gouttelettes d'une grande hauteur, produit les grains sphériques utilisés pour la chasse.

Pour le cuivre, on ne peut naturellement se procurer du minerai en France, puisque notre pays en est presque totalement privé. Les lingots peuvent débarquer à quai. Ils sont transformés en feuilles, en fil, en tuyauterie, soit de cuivre pur, soit de laiton. Une production curieuse est celle d'un fil de cuivre de section assez grande, destiné à la fabrication des boutons. Or, sait-on la quantité livrée chaque année au commerce? Le chiffre est invraisemblable. Il atteint 5,000 kilos.

Couëron, avec les murailles sombres des usines, ses hautes cheminées vomissant une fumée noire et ses hauts rochers entaillés par les carriers, contraste avec les riantes campagnes qui lui font face de l'autre côté du fleuve et l'aimable petite ville du Pellerin, si gracieusement étalée au bord de la Loire. Au Pellerin est la limite de la Loire nantaise, la plupart des bateaux à vapeur qui font le service du fleuve ne vont pas au delà.

Encore un coteau, portant le domaine de Bois-Tillac et la Martinière, où naquit Fouché, le futur duc d'Otrante, et le bassin s'élargit tout à coup, les hauteurs s'éloignent, de vastes prairies s'étendent de chaque côté, le fleuve lui-même, toujours semé d'îles, prend le caractère d'un estuaire. Nous sommes vraiment ici dans la Loire maritime.

A la Martinière, débouche le canal latéral à la Loire, destiné à faire passer de la rade de Paimbœuf à la partie rétrécie du fleuve entre le Pellerin et Nantes, les navires d'un tirant d'eau de quatre à six mètres, auxquels la Loire, pendant 15 kilomètres, reste inabordable.

Les travaux du canal font le plus grand honneur aux ingénieurs distingués qui les ont dirigés, en raison des difficultés particulières offertes par les vases dans lesquelles il a fallu passer et par la traversée de l'Acheneau. Il était nécessaire, en effet, de laisser au déversoir du lac de Grand-Lieu une libre communication avec la Loire, sans faire entrer l'Acheneau dans l'économie de la nouvelle voie. Le problème a été hardiment abordé et heureusement résolu.

Le canal s'ouvre au pied du hameau de la Martinière. Il entre aussitôt dans un bras de la Loire, entre l'île de Bois et le territoire de Buzay, ce bras lui-même constitue le lit du canal. Les îles de la rive gauche ont été soudées les unes aux autres au moyen de digues étanches, on a obtenu de la sorte un puissant môle naturel. Les bras de la Loire, ainsi isolés, ont été creusés et régularisés.

On arrive bientôt à l'entrée du canal de Buzay. C'est l'embouchure artificielle ouverte à l'Acheneau par les moines de l'abbaye de Buzay, jadis possesseurs de toute la contrée. Près de là, au milieu des débris du monastère, reste debout la tour de l'église. Le canal a une navigation assez active, car il sert au transport des foins et des denrées de tout le bassin du lac de Grand-Lieu. Un barrage éclusé permet aux bateaux de passer du canal maritime dans celui de Buzay.

La longue ligne d'eau passe ensuite entre l'île des Masses et les immenses prairies de Vue, coupe une partie de ces prés et atteint, aux Champs-Neufs, l'ancien bras de l'Acheneau, servant encore aujourd'hui à la décharge du vaste bassin lacustre et paludéen de Grand-Lieu. Il importait de ne pas arrêter l'écoulement des eaux vers la Loire. En même temps une autre grosse question se dressait : Pendant les grandes marées, la Loire montait sur les prairies riveraines, y déposant un précieux limon. Avec le canal aux berges élevées, ces prés étaient complètement mis à l'écart de la Loire. Les riverains manifestaient de vives inquiétudes. Seraient-ils inondés par les crues de l'Acheneau barré à son embouchure, seraient-ils privés du colmatage naturel du fleuve ?

La solution du problème a été à la fois élégante et ingénieuse. Par une écluse de petite navigation les embarcations venues du canal de Buzay peuvent gagner la Loire. Un barrage, fermé par sept énormes vannes mues par la force hydraulique, permet d'évacuer dans la Loire, à marée basse, les eaux venues par l'Acheneau et les autres petits cours d'eau qui ne peuvent plus s'écouler vers le fleuve. Enfin, grâce à un siphon pratiqué sous le canal il est possible de mettre les prairies en communication avec la Loire pendant les grandes marées et d'irriguer et colmater ainsi ces prairies. Un canal d'irrigation distribue régulièrement les eaux à toutes les parcelles. Les riverains ont donc gagné à ces travaux un système d'irrigation autrement précieux que le colmatage naturel et désordonné par les flots de la Loire. Ces travaux sont superbes, c'est une des plus belles œuvres du génie hydraulique à notre époque.

Au delà des Champs-Neufs, le canal atteint bientôt la Loire, mais ne communique pas avec le fleuve. Pendant cinq kilomètres il le longe, séparé seulement par une puissante digue de pierre, sur laquelle on a rejeté les terres extraites du canal. Cette digue, ou cavalier insubmersible, a sa crête à 8 mètres au-dessus du zéro des cartes marines ; c'est la partie la plus intéressante de ces énormes travaux. Puis, pendant un kilomètre, le canal entre de nouveau dans les prairies pour aboutir à l'écluse du Carnet, précédée par un vaste bassin d'attente, devant au besoin servir au chargement et au déchargement des navires. A partir du Carnet, les bateaux suivent l'étroit bras de Loire compris entre la terre ferme et l'île du Petit-Carnet, jusqu'à la rade de Paimbœuf.

Le canal a une longueur totale de 15 kilomètres. A chaque extrémité il est fermé par une écluse à sas de 18 mètres d'ouverture et de 165 mètres de longueur. Ce sont de beaux ouvrages, permettant d'écluser des navires de 123 mètres de longueur.

Le mouillage normal est de 6 mètres, pouvant atteindre 7$^m$,50; la largeur au plafond, c'est-à-dire au fond, est de 22$^m$,50; au plan d'eau elle atteint le double, soit 55 mètres. Sur chaque rive règne un chemin de halage.

Tel est ce grand travail, qu'il a fallu compléter par le dragage des passes jusqu'à Paimbœuf, encore en voie d'exécution. Il a nécessité des dépenses considérables, car on a dû, sur plusieurs points, travailler en plein roc. Quand j'ai visité le canal, rien ne faisait prévoir un succès aussi grand à cette entreprise. Marins et mariniers se montraient sceptiques. A Nantes même, les avis étaient fort partagés. Alors que les uns assuraient que l'on aurait, dès les premières années d'exploitation, 100,000 tonnes de plus à l'actif du port de Nantes, d'autres prétendaient que la nécessité d'écluser, les pertes de temps, les hauts-fonds au delà de Paimbœuf rendraient toujours la montée des navires difficile. Mais les Nantais de la vieille roche étaient pleins de confiance; un des apôtres du canal, M. Foulon, fort attaqué par une partie de l'opinion, qui n'a jamais été ébranlé dans sa foi, me disait alors:

— Nous n'avons pas la prétention d'attirer à

Nantes les transatlantiques et les grands charbonniers. Pourvu que les charbonniers moyens arrivent à Nantes, que les denrées coloniales, objet principal de notre commerce, nous parviennent sans d'onéreux transbordements à Saint-Nazaire, nous serons satisfaits. La Loire restera ce qu'elle est; on nous menace d'ensablements, mais les dragues sont là. Comme preuve de cet ensablement de la Loire, on nous dit que le mouvement du port de Nantes a diminué. Hé, ce n'est pas la Loire qui a changé, c'est le tonnage des bateaux. »

Voilà la note optimiste. A côté on disait que l'on ne pourrait gagner Nantes en une seule marée, à cause de la lenteur de la navigation sur le canal. Pour qu'un navire tirant 5 mètres puisse arriver à Nantes, il faut qu'il soit devant Couëron à la haute mer. Ce ne serait possible que si on drague les passes de Paimbœuf, devant lesquelles les grands navires devrait attendre, une hauteur suffisante du flot.

— S'il n'y a que cela, répondait-on, il faudra bien en arriver à ces travaux complémentaires. Puisque Nantes a dans son canal un moyen de reprendre le rang qu'elle a perdu, il serait assez ridicule — pour ne pas dire pis — de ne pas compléter l'œuvre entreprise.

Les Nantais qui rêvent de faire de leur ville un grand port méritent les sympathies de tous. Leur œuvre se complétera un jour, par l'amélioration régulière de leur beau fleuve jusqu'aux canaux du Centre, ce qui leur amènerait le fret de sortie aujourd'hui insignifiant. L'abandon dans lequel la Loire est laissée est une trop grande faute pour qu'elle ne soit pas réparée.

J'écrivais les lignes qu'on vient de lire avant l'ouverture du canal, en revenant de visiter les chantiers. Peu de temps après, le 1ᵉʳ septembre, la nouvelle voie était ouverte à la navigation et, lorsque, le dimanche 23 juillet, eut lieu l'inauguration officielle, le président de la Chambre de commerce faisait connaître à ses invités que, depuis le jour de l'ouverture, 500 navires, jaugeant 150,000 tonnes, avaient transité par le canal. Parmi ces navires un grand nombre n'auraient jamais pu, jadis, atteindre les quais de Nantes.

Du 1ᵉʳ janvier au 31 décembre 1893, le mouvement dans le canal a été de 615 bâtiments, jaugeant ensemble 219,184 tonnes.

A peine l'ouverture du canal était-elle connue et, déjà, les grands navires ont pris le chemin de Nantes qui semblait oublié. A mesure que l'on creuse davantage le fleuve, ce mouvement s'accroît ; dès que l'on a gagné 10 centimètres sur les hauts-fonds, des navires se présentent pour en profiter. Nantes voit fréquemment des navires calant 16 pieds (4$^m$,87) ou 18 pieds (5$^m$,49) anglais ; en janvier 1894, il en est monté un de 20 pieds (6$^m$,10) de tirant d'eau.

Si l'on avait dit aux Nantais, il y a trois ans, que l'on verrait couramment des navires de 6 mètres de tirant d'eau dans leur port, où ne montaient à grand'peine que des bateaux calant 4 mètres à 5 mètres, ils se seraient fort gaussés des prophètes. En 1876, aucun navire de 4$^m$,50 n'avait pu passer ; grâce aux premiers dragages on en comptait 6 en 1880. En 1890, 6 navires de plus de 5 mètres arrivaient à Nantes ; en 1892 il y en avait 12. Depuis lors la progression s'est continuée, les résultats atteints ont même étonné les hommes de foi qui, malgré tous les obstacles, ont doté Nantes de ce merveilleux instrument de prospérité. Ils espèrent plus encore : lorsque le dragage des derniers hauts-fonds de la Loire en aval et en amont du canal sera achevé, Nantes redeviendra, comme Rouen, un des grands ports de France. La métropole bretonne est dans une situation exceptionnelle. Quand les navires ont reconnu Belle-Isle, ils entrent tout droit en Loire, sans avoir à craindre d'obstacle sérieux, l'accès de la rivière n'étant pas gêné par de fréquents brouillards comme sur la Manche et les côtes basses du Sud-Ouest.

Qui peut prévoir alors à quel degré de prospérité est appelé Nantes? L'exemple de Rouen, devenu en quelques années un des plus grands ports de notre pays, est bien fait pour permettre toutes les espérances.

# TABLE DES MATIÈRES

### I. — Les Alpes Mancelles.

Alençon et ses carrières. — Saint-Céneri-le-Gérei. — En chemin de fer, conversations percheronnes. — La forêt d'Écouves et la butte Chaumont. — Ascension du mont des Avaloirs. — Pré-en-Pail et ses marchés. — De Pré-en-Pail à Mayenne. — Le mont du Saule. — Villaines-la-Juhel. — M. de Belin et la dame d'Averton. — Légendes mancelles. — Jublains. — Une ville romaine exhumée. — L'album du guide. — Paysage crépusculaire . . . . . . 1

### II. — Le Pavé de Paris.

La vallée de la Vègre. — Chemins de fer à voie étroite et grandes lignes. — En Charnie. — Saint-Denis-d'Orques. — Sainte-Suzanne, les Coëvrons et les caves à Margot. — Les carrières de Voutré. — La préparation du macadam parisien. — Triomphe de l'association ouvrière. — Saint-Denis-de-Gastine et ses pavés. — Dans les Coëvrons. — Évron et le Rochard. — Le mont Aga et Rubricaire . . . . . . . . . . . . . . . . . . . . . . 17

### III. — La Champagne Mancelle.

Dans les Alpes mancelles. — Saint-Léonard-des-Bois et Saint-Céneri-le-Gérei. — Laminages et tréfilerie de cuivre. — Une ferme modèle. — Sillé-le-Guillaume et sa forêt. — Le camp de Conlie. — Le commerce des oies. — En Champagne. — Tennie. — Émules des riverains de l'Avre. — La Marseillaise de la vaine pâture . . . . . . . . . . . . . . . . . . . . . . 30

## IV. — Sablé et ses Marbres.

La genèse d'une grande industrie. — Carrière de Port-Étroit. — Solesmes. — Un village de bénédictins. — Les beaux-arts pour les gendarmes. — La scierie des marbres. — Industrie familiale. — Essai de socialisme chrétien. — Les marbres de Boudré. — Carrières modèles. — Les anthracites de l'Ouest. — Californie noire. — Les marbres belges et les ateliers de Cousoire . . . . 43

## V. — Laval et Port-du-Salut.

Une bibliothèque de province. — Ambroise Paré est-il mort protestant ? — Laval. — La vieille ville et la ville neuve. — L'industrie lavalloise, coutils et cotonnades. — Béatrix de Gavres et ses tisserands de Flandre. — Grandeur et décadence des toiles de Laval. — Doléances des fabricants de coutils. — Les mines d'anthracite. — Port-du-Salut. — Les trappistes fabricants de fromage . . . . . . . . . . . . . . . . . . . . 51

## VI. — Chez les Chouans.

Les Bleus et les Blancs. — L'abbaye de Clermont. — Port-Brillet et ses étangs. — Le bois de Misdon. — A travers les « charrières ». — La closerie des Poiriers. — La maison de Jean Chouan. — La famille Cottereau. — Singulière gloriole. — Victor Hugo mystifié. — Le vrai Jean Chouan. — La forêt de Pertre et le comte de Puisaye . . . . . . . . . . . . . . . . . 71

## VII. — Dans la Mayenne.

Mayenne. — Coutils et mouchoirs. — Suites désastreuses de la routine. — « Flora-exportation ». — Fontaine-Daniel. — Mœurs mayennaises. — Le val de Mayenne. — Saint-Baudelle et ses fours à chaux. — La chaux cause de fortune, cause de ruine. — Les tombes. — Guerre au chaulage. — Un chef-d'œuvre de David d'Angers . . . . . . . . . . . . . . . . . . . . 89

## VIII. — L'Agriculture dans le Bas-Maine.

La vallée de l'Ernée. — Ernée. — La culture du lin. — Ambrières. — Une noce mancelle. — Lassay et son château. — Un figurant

du grand siècle. — Bois-Thibault et Bois-Froux. — Le commerce
du bétail. — Les comices et la politique . . . . . . . 90

## IX. — Aiguilles et Épingles.

A la Trappe de Soligny. — Les souvenirs de l'abbé de Rancé. —
Antithèses monastiques. — Les mines du Perche. — La géographie économique. — Laigle. — Une industrie évanouie. — Les
quarante façons de l'aiguille. — Saint Éloi supplanté par saint
Crépin . . . . . . . . . . . . . . 108

## X. — Le Point d'Alençon.

Sées. — Un évêché de village. — Gare gothique. — Conté et ses
crayons. — Alençon. — Horreur de la locomotive. — Deux industries mortes : la toile et le point d'Alençon. — Dans la forêt
d'Écouves. — Au pays des bons chevaux. — Le haras du Pin . 121

## XI. — Le Camembert.

Soyez donc célèbre. — La maison de Charlotte Corday. — Une
solitude normande. — Camembert. — La fabrication des fromages. — Pour faire un bon camembert. — Un moyen de développer cette industrie. — Les hautes vallées normandes. — De Sainte-Gauburge à Vimoutiers. — Les beurres et les œufs. — Comment
on obtient l'arome du Livarot. — Les méfaits de la margarine . 135

## XII. — Flers.

Une grande industrie. — Condé-sur-Noireau. — Les fabriques
dans le paysage. — Les huguenots dans l'Orne. — Au mont de
Cerisi . . . . . . . . . . . . . . 148

## XIII. — La Suisse Normande.

Chauvinisme local. — Domfront. — Le Passais. — Bagnoles-de-
l'Orne. — La Ferté-Macé. — Tinchebray. — Les malheurs d'une
voie ferrée. — Quincaillerie et ferronnerie. — Comment se fait
un peigne de corne . . . . . . . . . . 161

### XIV. — Angers et les Ardoisières.

Les landes d'Anjou. — Arthur Young à Turbilly. — Origine de la Maine. — Angers et ses transformations. — Les ardoisières. — Ouvriers d'à-haut. — Ouvriers d'à-bas. — Sous les tocerent. — Le droit de bottée. — L'apprentissage d'ardoisier . . . . . 173

### XV. — Ardoises et Primeurs.

La commission des ardoisières. — Droit de forestage. — Dividende en nature. — État actuel de l'industrie. — Dans les pépinières. — Les légumes primeurs. — Les Léonais en Anjou . . . . . . 190

### XVI. — Le Guignolet et le Vin d'Anjou.

La Roche-de-Murs. — Les Ponts-de-Cé. — Guignes et Guignolet. — Culture du cassis. — Les vins d'Anjou et le phylloxéra. — Brissac et son château. — La vallée du Layon. — Un évêque vigneron. — Le Pont-Barré. — Aux bords du Louet. . . . . . . 204

### XVII. — Saumur.

Doué-la-Fontaine. — Arènes de troglodytes. — Montreuil-Bellay. — Brézé. — Saumur. — La maison d'Eugénie Grandet. — Un cabaret sous un dolmen. — Le champagne de Saumur. — Les caves saumuroises. — Villages de troglodytes. — Saint-Hilaire, Saint-Florent et les champignonnes. . . . . . . . . . . . . 216

### XVIII. — La Bijouterie Religieuse.

L'industrie des chapelets. — La bijouterie religieuse. — La vie à huit sous par jour. — La sculpture des crucifix et des têtes de Christ. — Où vont les billes de billard. — Estampage des croix et émaux. — Saint Georges, fétiche. — L'école de vigne. . . . 229

## XIX. — Le Bocage vendéen.

Chemillé. — Cholet. — Origines et avatars de son industrie. — Rayon industriel de Cholet. — Cotonnades et lainages. — La grève de Cholet. — Mœurs ouvrières. — Le plus grand marché de bétail de France. — La guerre de Vendée. — Une ville détruite. — Champs de bataille vendéens . . . . . . . . . . . 241

## XX. — Sur la Loire, d'Angers à Nantes.

En vapeur sur la Maine et la Loire. — Bouchemaine. — La navigation de la Maine et de ses affluents. — La coulée de Serrant. — Chalonnes et ses mines. — La question du Layon. — Toits rouges et toits noirs. — Les fours à chaux de Montjean. — Ingrandes. — Les îles. — Saint-Florent. — Ancenis. — Champtoceaux. — La Folie-Siffait. — Les rochers de Mauves. . . . . 254

## XXI. — Grand-Jouan.

Château-Gontier. — Le Bout-du-Monde. — Craon. — La vallée de l'Oudon. — Segré, M. de Falloux, Mᵐᵉ Swetchine et Mᵍʳ Freppel. — Pouancé. — Châteaubriant. — Les landes de Nozay. — Grand-Jouan. — Rieffel. — L'exemple d'un homme de bien. . . 268

## XXII. — Clisson et les lacs de l'Erdre.

Paysages méconnus. — Les lacs et les fjords de l'Erdre. — Nort. — Le lac de la Poupinière. — Lac de Mazerolles. — La Sèvre-Nantaise. — Clisson. — L'Italie en Bretagne. — Cacault et Lemot. — La garenne Lemot et la garenne Valentin. — Le château d'Olivier de Clisson . . . . . . . . . . . . . . . . . . . . . . . 282

## XXIII. — Le lac de Grand-Lieu.

Nouvelle édition d'une vieille légende. — De Nantes au lac de Grand-Lieu. — Bouaye. — L'Acheneau. — En bateau sur le lac. — Passay et ses pêcheries. — Saint-Philbert-de-Grand-Lieu. A qui le lac? . . . . . . . . . . . . . . . . . . . . . . . . . . 297

## XXIV. — La Loire de Nantes a Paimbœuf.

Nantes. — Trop de rails. — Le passé et l'avenir d'un port. — Les conserves. — Le canal maritime. — Navigation et irrigation. — De Nantes à Paimbœuf. — Indret et Couëron. — La patrie de Fouché — Visite aux travaux du canal — Une émule de Rouen.

**BERGER-LEVRAULT ET Cie, LIBRAIRES-ÉDITEURS**
Paris, 5, rue des Beaux-Arts. — Nancy, 18, rue des Glacis.

## ARDOUIN-DUMAZET

# VOYAGE EN FRANCE

### 1re SÉRIE

MORVAN — NIVERNAIS — SOLOGNE — BEAUCE
GATINAIS — ORLÉANAIS — MAINE — PERCHE — TOURAINE

Un volume in-12 de 356 pages, avec couverture illustrée.
Prix : 3 fr. 50 c.

Le *Voyage en France* de M. Ardouin-Dumazet formera une suite de volumes répartis par régions géographiques. Les chapitres sont consacrés chacun à une province ou canton dans l'acception historique de ces termes, c'est-à-dire à un *pays* que ses particularités de mœurs, de coutumes et de production distinguent des pays environnants. L'ensemble constituera une géographie ethnographique, économique et industrielle, un inventaire pittoresque et scientifique à la fois des richesses, des beautés et des curiosités de la France ; c'est une remarquable œuvre d'observation personnelle qui dépassera en intérêt et en originalité tout ce qui a été publié jusqu'ici en ce genre.

*Nomenclature des chapitres de la 1re série.* — I. Le Flottage en Morvan. — II. Les Bûcherons du Nivernais. — III. Au pays des Nourrices. — IV. Le Nivernais industriel. — V. Le Nivernais pastoral. — VI. Une Usine nationale (Guérigny). — VII. Gien et la Puisaye. — VIII. La Sologne. — IX. Paysages solognots. — X. Les Colons en Sologne. — XI. La Sologne Berrichonne. — XII. Le Safran en Gâtinais. — XIII. Orléans — XIV. Les Roses d'Olivet. — XV. Les Troglodytes du Vendômois. — XVI. Les Vignes du Val de Loire. — XVII. La Capitale des Tanneurs. — XVIII. La Champagne tourangelle. — XIX. Rabelais Guide en Touraine. — XX. La Réglisse. — XXI. La Touraine industrielle. — XXII. Mottray. — XXIII. Le Perche. — XXIV. Le Percheron en Amérique. — XXV. Le Grand Perche. — XXVI. Les Forêts du Perche. — XXVII. La Vallée de la Sarthe. — XXVIII. Ce que deviennent les Hêtres — XXIX. La Flèche et le pays fléchois.

BERGER-LEVRAULT ET Cⁱᵉ, LIBRAIRES-ÉDITEURS
Paris, 5, rue des Beaux-Arts. — Nancy, 18, rue des Glacis.

# LEXIQUE
# GÉOGRAPHIQUE
## DU MONDE ENTIER

PUBLIÉ SOUS LA DIRECTION DE

**M. E. LEVASSEUR, de l'Institut**

PROFESSEUR AU COLLÈGE DE FRANCE

Par J.-V. BARBIER

SECRÉTAIRE GÉNÉRAL DE LA SOCIÉTÉ DE GÉOGRAPHIE DE L'EST

AVEC LA COLLABORATION DE

**M. ANTHOINE**

INGÉNIEUR, CHEF DU SERVICE DE LA CARTE DE FRANCE PUBLIÉE
PAR LE MINISTÈRE DE L'INTÉRIEUR

Paraissant par fascicules de 4 feuilles grand in-8° (64 pages) d'impression compacte à 3 colonnes, avec cartes et plans dans le texte.

L'ouvrage sera complet en 50 fascicules environ, formant 5 volumes de 1000 à 1200 pages chacun.

Il paraîtra environ 12 fascicules par an à partir d'avril 1894.

Prix du fascicule : 1 fr. 50 c.

*Prix de souscription* à l'ouvrage complet : 70 fr.

La souscription donnera droit à la réception gratuite des fascicules pouvant dépasser le nombre prévu.

Nancy, impr. Berger-Levrault et Cⁱᵉ.